VERONIKA DANZER MIT CHRISTIN ULLMANN

In der Ferne scheint das Glück

Wie ich dank meiner großen Liebe und einem wilden Pferd mein Paradies fand

VERONIKA DANZER MIT CHRISTIN ULLMANN

In der Ferne scheint das Glück

Wie ich dank meiner großen Liebe und einem wilden Pferd mein Paradies fand

EINE WAHRE GESCHICHTE

Eden BOOKS

Inhalt

Prolog: Verborgen im Regenwald

Jennifer konnte hier überall sein.

Als ich mich auf die Suche nach ihr machte und zum ersten Mal den Sandweg hinauflief, konnte ich es kaum erwarten, sie zu finden. Ich wollte endlich wissen, wie dieses Pferd, von dem ich schon so viel gehört hatte, aussah. Ein Freund hatte mir immer wieder von Jennifer erzählt. Sie lebte seit sieben Jahren im Regenwald. Wild, frei und allein.

Mein Herz hüpfte mit jedem Schritt. Ich war umgeben von einem grünen Dickicht und mächtigen zugerankten Bäumen. Exotische Vögel schrien wie in einem riesigen Tropenhaus. Nur dieses hatte kein Dach. Die Sonne knallte herab und bei jeder Bewegung brach mir der Schweiß aus.

Aufmerksam erkundete ich das unübersichtliche Gelände am vor mir liegenden Hang, bewegte mich langsam auf ausgetretenen Pfaden fort, hielt dabei immer wieder inne und suchte die Umgebung ab.

Ich entdeckte Jennifer schließlich auf einem Feld. Sie bediente sich seelenruhig am Grünzeug und hatte mich noch nicht bemerkt.

In etwa fünfzig Metern Entfernung blieb ich stehen. Ich hätte jubeln können vor Freude, doch ich hatte Angst, sie zu verschrecken. Ihre Mähne und ihr rotbraunes Fell waren zerzaust, aber sie wirkte gesund und stark.

Dann warf sie mir plötzlich einen kurzen Blick zu und flüchtete. Hinterherzulaufen wäre sinnlos gewesen.

Im Schatten setzte ich mich an den mächtigen Stamm eines Kapokbaumes und lauschte, erschöpft von der Suche. Das Meer rauschte von fern, Vögel zwitscherten durcheinander.

Ich wartete gespannt.

Auf einmal glaubte ich, ganz schwach Schritte auf dem Laub zu hören. Da war sie wieder: Jennifer lief hin und her, als wollte sie mich umkreisen, und kam behutsam Meter für Meter näher.

Als ich sicher war, dass sie es sehen konnte, holte ich eine Mango aus der Tasche und wickelte sie aus der Tüte aus. Ihre Ohren stellten sich auf. Neugierig hielt sie inne und starrte auf die Frucht in meiner ausgestreckten Hand.

Ein zögerlicher Schritt nach vorn, dann tänzelte sie wieder zur Seite. Skeptisch und unentschlossen hielt sie sicheren Abstand zwischen uns, obwohl ich auf dem Boden saß. Ihr Körper war viel mächtiger als meiner, eher wäre sie eine Bedrohung für mich gewesen.

Ich beobachtete sie geduldig. Einen Versuch war es wert: Nach einigen Minuten erhob ich mich langsam und bedächtig. Doch kaum hatte ich zwei Schritte auf sie zugemacht, galoppierte sie davon und ich sah die fuchsfarbene Stute zwischen den Bäumen verschwinden.

Was hatte sie so scheu werden lassen? Ich wusste es nicht. Doch egal, ich hatte sie tatsächlich gefunden.

Erschöpft lief ich den Pfad entlang zurück zur verlassenen Straße. Es war ein unglaublich starker Impuls in mir: Ich wollte dieses Pferd, das keinen Menschen in seine Nähe ließ, unbedingt haben.

TEIL 1

»Wache Seelen haben Sonnenaugen und Sonnenaugen blicken in das Ewige.«

Ernst von Wildenbruch

Heimweh geht vorbei

Ich träume viel. Auch tagsüber.

Wer immer einen Traum vor Augen hat, der ist stets auf der Suche, dem ist nie langweilig.

Mein Leben in Träumen: Zuerst war da der Traum von Unabhängigkeit, dann von künstlerischer Entfaltung, von einem Leben mit Pferden, vom Rampenlicht der Bühne – und von der Liebe, die alles vergessen macht.

Doch obwohl ich versucht habe, meine Träume zu leben, fiel ich irgendwann in ein tiefes schwarzes Loch. Und lernte am Ende, dass mein großes Glück in dem liegt, was ich mir nicht erträumen konnte ...

Die Schule ist schon immer ein guter Platz zum Träumen gewesen. Die Schule und ich, wir waren nicht füreinander geschaffen. Ich war 15, ging in die neunte Klasse und träumte von Freiheit. Spätestens nach der zehnten würde ich die Idylle des bayrischen Landlebens ein für alle Mal hinter mir lassen, das wusste ich schon früh. Nichts sprach gegen das Leben hier in der Region – auf dem Land zwischen Nürnberg und Regensburg hatte ich mich austoben können. Meine Eltern hatten für ein Haus mit Garten für sich und ihre drei Kinder gesorgt und es fehlte uns an nichts. Aber wie das so ist – man wird älter und ahnt, dass die Welt noch mehr zu bieten hat.

Die grauen Klassenräume und Flure jedenfalls unterdrückten in mir jede Lust zu lernen und erst recht die Lust, mich noch ein Jahr hier an der Volksschule durchzukämpfen.

Und dann sah ich die Unabhängigkeit winken und folgte diesem Lockruf.

»Muss es so weit weg sein?«, fragte mein Vater besorgt, als ich ihm von dieser anderen Schule erzählte.

Ich hatte mir ein bisschen mehr Euphorie seinerseits erhofft. Immerhin hatte ich ihm gerade begeistert eröffnet, dass ich eine andere Schule besuchen wolle, um einen besseren Abschluss zu schaffen. War das nicht das Wichtigste für einen Lehrervater? Ich konnte doch nichts für den Zufall, dass die Schule acht Fahrstunden von zu Hause entfernt lag.

Die Frage meines Vaters war allerdings rhetorisch gemeint gewesen.

Ich antwortete nicht und lächelte ihn nur an.

»Wie kommst du auf so eine verrückte Idee?«, hakte er dann verwundert nach und stützte die Ellbogen auf den Küchentisch. »Du absolvierst die zehnte Klasse hier!« Er sah mich herausfordernd an.

Ich lehnte mich in meinem Stuhl nach hinten und verschränkte die Arme. »*Die* Schule oder keine. Du hättest sie sehen müssen.« Aber er war nicht dabei gewesen. Wie so oft in letzter Zeit. Es waren nur meine Mutter, meine Geschwister und ich für ein paar Tage verreist: In einer Kleinstadt in Niedersachsen lebte die Schwester meiner Mutter. Während unseres Aufenthalts hatte es sich dann ergeben, dass wir auch eine Kunstausstellung in einer Schule besuchten.

Ich konnte meinem Vater nicht beschreiben, warum mir dort alles freundlicher, einladender und sogar heller erschien, als wäre dort einfach alles möglich ...

»Versuchst du es jetzt mit Erpressung? Und wenn ich Nein sage, gehst du dann nicht mehr zur Schule? Was willst du dann mit deinem Neunte-Klasse-Abschluss anstellen?«

Damit erwischte er mich auf dem falschen Fuß, das wusste er. Aber er kam damit nicht durch.

»Dann werd ich Reiterin im Zirkus!« Das war aus dem Ärmel geschüttelt. Ich senkte meinen Blick.

Mein Vater lachte leise und wirkte trotzdem wütend. »Du wärst dort allein, ohne Mama oder Papa.«

»Genau.« Ich blickte hoch und lächelte.

»Ich meine damit, du bist zu jung, um schon auszuziehen.«

»Ich kann für mich selbst sorgen und ich bin ja nicht ganz allein.« Immerhin lebte dort meine Tante. Es war alles schon abgesprochen. Sie hatte ein Zimmer für mich und würde gegenüber der Schule als mein Vormund auftreten.

Meine Mutter stand am Küchentresen und fing den Hilfe suchenden Blick meines Vaters auf. Sie zuckte mit den Schultern. »Es ist wirklich eine gute Schule. Ich kann mir vorstellen, dass es funktioniert.« Sie erzählte ihm etwas von anthroposophischer Ausrichtung und obwohl mein Vater ruhig zuhörte, rang er mit der Fassung. Ich verstand ihn nicht.

»Ihr zwei macht mich wahnsinnig«, sagte er nach ein paar Minuten Schweigen, jedes Wort einzeln betonend, und stand auf.

»Ich wandere nicht aus, ja? Es ist nur für ein Jahr!«, rief ich wütend. Dann war er eben nicht einverstanden. Ich hatte meine Mutter auf meiner Seite.

»Was ist mit deinem Pferd?«

Auch nichts anderes als Erpressung. »Da finde ich schon eine Lösung …«

»Viel Zeit bleibt dir nicht mehr. Die Sommerferien dort oben sind bald vorbei.« In lehrerhafter Pose stützte er sich stehend mit den Armen auf den Küchentisch. »Ihr könnt den Kombi haben, aber ich bin gegen das hier und deshalb werde ich dich nicht da hoch fahren.« Damit ging er.

Meine Mutter zog hilflos die Schultern hoch und setzte sich mit ihrem Tee an den Tisch. »Wir müssen entscheiden, was du alles mitnimmst.«

An meinem ersten Schultag im Norden schloss ich mein Fahrrad ab und ging im Kampf gegen meine Nervosität langsam über den Schulhof. Zehn Meter vor der Mauer musste ich dann einfach stehen bleiben und das Wandgemälde betrachten, eine farbige Ausgabe von Picassos Guernica in leuchtenden Farben. Hier würde alles besser werden, dachte ich. Hier wusste keiner, dass ich mich schwertat mit der Schule, am liebsten aus dem Fenster sah, wenn der Matheunterricht mich mal wieder besonders langweilte, und es nie erwarten konnte, nach Schulschluss endlich das zu tun, was mir Spaß machte.

Mein Herz klopfte, als ich durch die Flügeltür in das neue Gebäude trat. Darauf hatte ich seit Wochen gewartet. Jetzt lernte ich hier alles endlich richtig kennen. Mit meinem Rucksack auf dem Rücken und einer ordentlichen Ladung Stolz betrat ich den Klassenraum. Ich hatte einen Schritt gewagt, den ich anderen in meiner Klasse voraus hatte: Ich übernahm für mich selbst Verantwortung.

Und dann kam der Moment, als ich mich vorstellen sollte. »Hallo, ich heiße Veronika und komme aus Regensburg.« Ja, ich rollte das R, aber ich fand mein Hochdeutsch ganz ordentlich. Einige kicherten trotzdem. Egal, sagte ich mir, das machte mir gar nichts aus. Mein Dialekt würde sich noch legen. Alles eine Frage der Zeit.

Sie verging schnell, die Zeit. Die Unterrichtsstunden flogen nur so dahin. Die Lehrer waren alle ziemlich in Ordnung. Es gab zwei Mädchen in meiner Klasse, mit denen ich bald nachmittags Eis essen ging oder manchmal abends ins Kino. Dazwischen lagen unausgefüllte Nachmittage und Wochenenden, an denen ich mich mit mir selbst beschäftigen musste. Ich verbrachte viel Zeit mit meiner Tante, die unablässig reden konnte, wenn sie nicht gerade müde war von ihrem Schichtdienst im Krankenhaus. Wir kochten zusammen und sie versuchte mir das Stricken beizubringen. Bald zählte ich die Maschen und die Wochen bis zu den Herbstferien.

Ab da verging die Zeit dann auf einmal quälend langsam. Die Tage wurden kürzer und mir kam es so vor, als wenn die Wolken kaum noch Sonne durchließen. Vor dem Fenster meines Zimmers sah ich den Giebel des Nachbarhauses. Der Regen tropfte rhythmisch von der Dachrinne herunter. Auf meinem Schreibtisch standen ein Familienfoto – das letzte Bild zu fünft, bevor mein Vater ausgezogen war – und ein Foto von mir und meiner besten Freundin. An der Wand klebten die Pferdefotos, die schon in meinem Kinderzimmer zu Hause über dem Bett hingen, eines davon zeigte Jessica, meine Fuchsstute. Ich saß auf ihrem Rücken und strahlte in die Kamera, mein Collie-Mischling Wichtel blickte erwartungsfreudig zu mir hoch. Das Foto war gerade mal vor einem Jahr entstanden, an dem Tag, als mein Vater mir Jessica gekauft hatte. Jetzt hatte sie eine neue Besitzerin.

Mein Blick glitt von den Fotos zu dem Blatt Papier vor mir auf dem Schreibtisch. Ein Kalligrafie-Buch lag aufgeschlagen daneben. Ich wollte eigentlich einen Brief in Schönschrift an meine Oma schreiben. Das tat ich jede Woche. Aber heute fielen mir nur traurige Gedanken ein, die ich höchstens einem Tagebuch anvertrauen würde. Stattdessen tauchte ich die Feder in die schwarze Tinte und malte zufällige Linien und Bögen, bis das Blatt voll war. Es war ein Sonntagmittag im November. Der Tag war einfach nur grau, nicht nur das Wetter, alles an diesem Tag.

Ich legte die Schreibfeder ab und drehte mich in meinem Stuhl herum. Das Zimmer war voll mit meinen persönlichen Dingen, aber es war nicht mein Zuhause. Mein Leben hier war nur vorübergehend. Ich fühlte mich wohl, aber eben nur vorübergehend. So wie man sich auf einer Zugfahrt wohlfühlen kann, weil man weiß, dass man in ein paar Stunden am Ziel ist. Mein Ziel war aber noch weit entfernt. Auf dem Weg bis zum Ende des

Schuljahres lagen noch der Winter, der Frühling und die Monate davor, dazwischen und danach, die sich nicht entscheiden konnten, was sie sein wollten.

Es klopfte an meiner Zimmertür und meine Tante steckte ihren blonden Lockenkopf herein: »Ich muss zur Arbeit. Ich hab Spätdienst, du wirst mich also heute nicht mehr sehen. Tut mir leid.«

»Kein Problem, bis morgen.«

Ich brauchte Ablenkung und nahm mir noch einmal mein Hausaufgabenheft: Das Buch für den Deutschunterricht hatte ich gelesen, alle Hausaufgaben waren erledigt und ich hatte mir freiwillig den Stoff der letzten Geschichtsstunden angesehen. Am Vormittag hatte ich schon ausgiebig mit meiner Freundin und meiner Schwester Helene telefoniert, die aufs Gymnasium gewechselt hatte.

Am Telefon musste ich nicht auf meine Aussprache achten. Diesmal hatte ich geweint, als ich zum Schluss mit meiner Mutter sprach. Normalerweise bin ich keine Heulsuse, sogar beim Abschied hatte ich mir die Tränen verkniffen. Schließlich hatte ich ja meinen Kopf durchgesetzt. Aber meine Mutter durchschaute mich schnell – ich hatte Heimweh. Und wenn ich heulte, dann richtig.

»Heimweh geht vorbei«, sagte sie tröstend. Klar, aber Beschäftigung wäre hilfreich. Meine Tante war jeden Tag nach der Schule für mich da. Am Wochenende aber hatte sie oft Schicht im Krankenhaus.

Doch es gab ja noch die Kinks. Ich schaltete den Kassettenplayer ein und breitete die große Mal-Pappe und Acrylfarben vor mir auf dem Boden aus. Gleich morgen brauchte ich Nachschub an Malpapier. Mit Pinsel und Farben ging die Zeit am schnellsten vorbei. Im Kunstunterricht stand ich wegen meines neuen Hobbys schon wie ein Streber da. Wenn wir eine Aufgabe für zu Hause bekamen, fertigte ich manchmal mehrere Varianten an, einfach so, weil ich in Fahrt war.

Ich schreckte hoch von meinem Kunstwerk, als der Knopf am Kassettenplayer hochschoss, weil die A-Seite vorbei war. Vor mir auf dem Blatt flog eine blaue Taube über den Himmel. Es gefiel mir. Meine Beine waren eingeschlafen und ich brauchte frische Luft.

Es gibt kein schlechtes Wetter, nur falsche Kleidung, sagte meine Tante immer. Also schlüpfte ich in meine Regenjacke und schob mein Fahrrad vom Hof. Draußen war niemand zu sehen. Ich kurvte um die Pfützen herum, nahm die Straße, die aus dem Ort herausführte, bis ich auf einen Feldweg abbog. Wie besessen trat ich in die Pedale, sah nur mein Vorderrad und den schlammigen Weg. Der Fahrtwind trieb mir die Tränen aus den Augenwinkeln. Nur der Fahrtwind. Was machte ich hier eigentlich? Wichtel vermisste mich bestimmt wie wahnsinnig. Und auch er fehlte mir. Und meine Schwester und meinen Bruder vermisste ich natürlich ebenfalls.

Langsam hörte der Regen auf.

Ich schoss durch eine Pfütze, die unerwartet tief war. Natürlich rutschte ich aus und landete halb im Wasser. Fluchend stand ich auf und zog das Fahrrad hoch. Meine Hose war matschig bis zu den Knien. Ich wischte meine Hände an der Hose ab und fühlte mich plötzlich ganz klein. Das Einzige, was ich in diesem Moment wollte, war eine Umarmung meiner Mutter und ihre sanften Hände, die über mein Haar streichelten. Oder Wichtel, der seine Schnauze an mein Bein stieß und um Aufmerksamkeit bettelte.

Ich schob mein Rad weiter. Die Nässe formte sich zu Nebel, der tief über der Wiese schwebte. Über dem Horizont riss der Himmel auf und Blassblau schimmerte durch das Grauweiß. Auf einer umzäunten Wiese entdeckte ich einen Holzunterstand. Dahinter bewegte sich etwas. Ein Kopf mit strubbeliger Mähne schaute um die Ecke. Dann kam ein zweiter hellbrauner Kopf zum Vorschein und testete, ob es trocken blieb von oben. Ich schnalzte und wartete. Langsam trabten die beiden Pferde durch den Bodennebel in meine Richtung – ein fuchsrotes und ein braun-weiß geschecktes.

»Hey, ihr beiden. Hallo!«, sagte ich leise und streckte meine Hand aus. Die zartere der beiden Stuten stupste meine Hand an. Ich ließ sie schnuppern und berührte vorsichtig ihren Nasenrücken. Sie erinnerte mich an Jessica. Plötzlich sah ich nur noch verschwommen und spürte Tränen aufsteigen.

»Schön habt ihr es hier.« Sie schnaubte. Ich streichelte ihr warmes, noch feuchtes Fell und auch die andere Stute schien jetzt nur auf Streicheleinheiten zu warten. Mit ihren tiefen, dunklen Augen sahen mich die beiden an. Ich berührte ihre warmen samtenen Nüstern.

Die Tränen liefen mir die Wangen herunter und trockneten langsam. Ich summte vor mich hin, auch wenn das kein »sunny afternoon« war.

Während die Pferde anfingen zu grasen, setzte ich mich auf das Holzgatter und sah ihnen zu. Sie blieben bei mir, bis es dämmerte und ich losfuhr. Ich nahm mir vor, am nächsten Tag wiederzukommen, diesmal mit ein paar Äpfeln in der Tasche. Vielleicht traf ich ja jemanden hier und konnte so herausfinden, wem die Pferde gehörten.

Zurück zu Hause nahm ich mir das Telefon und rief meinen Vater an.

Wir beide am Telefon, das war meist eine kurze Angelegenheit. Aber heute war es anders.

»Veronika, ich mach mir doch nur Sorgen, weil du so weit weg bist!«

Ich musste einen Kloß im Hals hinunterschlucken, bevor ich sprechen konnte. »Ich hab mir etwas überlegt. Ich möchte doch nicht im Zirkus arbeiten.«

Ich hörte ihn lachen.

»Ich will etwas Kreatives machen, wenn ich zurückkomme. Und am besten in der Nähe bleiben.«

»Ist es so schlimm für dich, dass du doch wieder nach Hause willst?«

»Nein ... meistens nicht ... nur wenn ich hier zu lange allein herumsitze. Papa, ich hab mir ja nicht eingebildet, dass das hier leicht ist.«

»Du bist ein Dickkopf, du schaffst das.«

Beim Einschlafen sah ich mich schon als Künstlerin mit extravaganten Blusen, bunten Kopftüchern und Farbe unter den Fingernägeln und der Gedanke meldete sich am nächsten Morgen wieder. Irgendetwas Kreatives – ich brauchte Beratung. Nach dem Kunstunterricht fragte ich meinen Lehrer nach seiner Meinung dazu – vielleicht bildete ich mir ja nur etwas ein und hatte gar kein Talent in dieser Richtung.

»Du willst wissen, ob Kunst etwas wäre, was du weiterverfolgen solltest?«

»Es macht mir Spaß, es muss ja nicht Malerei sein, aber es gibt doch sicher einige Berufe, in denen man kreativ etwas gestalten kann.«

»Kunst kann man natürlich studieren, Abitur vorausgesetzt.«

Ich schüttelte den Kopf. »Kein Abitur. Ich muss etwas Praktisches machen.« Wenn ich Abi hätte machen wollen, hätte ich zu Hause längst aufs Gymnasium wechseln können – aber das war nichts für mich.

»Es gibt Fachoberschulen mit dem Bereich Design/Gestaltung. Da wird viel praktisch gearbeitet.«

»Ich werde mal schauen, wo es so eine in Bayern gibt.«

»Du willst wieder zurück nach Hause?«

Ich nickte.

»Bis zum Ende des Schuljahres ist ja noch Zeit und dann willst du vielleicht doch nicht mehr weg hier.«

Er betrachtete mein Bild mit der Taube. »Du hast Ideen, das ist mir schon aufgefallen. Wenn andere noch grübeln, womit sie anfangen sollen, bist du schon mitten in der Arbeit. Mach was draus!«

»Wenn das mal im Matheunterricht auch so wäre.«

Da leuchteten seine Augen plötzlich auf. »Hast du Lust auf ein größeres Projekt? Du kennst doch das Wandgemälde von Picasso draußen?«

Seine Idee war, das Gemälde zu erweitern, im Picasso-Stil. Er bräuchte nur einen Entwurf von mir, das könnte ich dann an die Wand bringen. »Wenn dir das nicht zu viel Arbeit ist – das kann Wochen dauern.«

Für mich war das keine Arbeit. Zwei Wochen lang malte ich an meinem Kunstwerk auf der drei Meter hohen Wand – ein Mädchen mit einer Taube, in dreifacher Ausführung, wachsend von klein auf groß. Die blaue Farbe blieb unter meinen Fingernägeln kleben und ließ sich nicht mehr wegschrubben. Ein paar Tage, nachdem ich fertig war, stand ein Fotograf vor mir. Er wollte ein Foto davon machen, für die örtliche Zeitung – die Künstlerin vor ihrem Werk, mit Mütze und altem vollgekleckstem Wollpulli.

Ich lächelte breit, als er die Kamera vors Gesicht hob und abdrückte.

Mädchentraum

Der Schmutz in meinen Handflächen vermischte sich mit Schweiß, als ich auf das Pferd zuging. Der junge Hengst zerrte am Halfter, mein Chef hatte ihn fest im Griff. Trotzdem hatte er mich mit seinem Buckeln aus dem Sattel katapultiert. Die dunkle Schicht, die sich unter meinen Fingernägeln festgesetzt hatte, war keine Farbe, sondern Sand, Erde, Mist, Zeichen meiner Knochenarbeit der vergangenen sechs Monate im Dressurstall. An der Fachoberschule in Nürnberg, bei der ich mich beworben hatte, war mein Schulabschluss aus Niedersachsen nicht anerkannt worden. Im Dressurstall hingegen war das zum Glück kein Problem. Erst mal widmete ich mich also meiner anderen Leidenschaft – den Pferden. Künstlerin konnte ich später immer noch werden. »Ich versuche es gleich noch mal«, sagte ich mit fester Stimme, nachdem ich mich wieder gefangen hatte. Ich war nicht das erste Mal von einem Pferd gefallen. Der Hengst trappelte mit den Hufen hin und her. Ich musste gut auf meine Füße aufpassen, als ich neben ihm stand, und stieg dann schnell in den Steigbügel. In einem Zug schwang ich das rechte Bein über seinen Rücken und saß wieder im Sattel.

Ich wollte ihn mit meiner Stimme beruhigen, während ich die Zügel fest anzog. »Ja, das magst du nicht, ich weiß. Ganz ruhig. Nur ein paar Minuten. Und los.«

Sanft drückte ich meine Unterschenkel in seine Seiten und er setzte sich in Bewegung. Seine Halsmuskulatur war angespannt und als wollte er gegen die Zügel anrennen, schoss er plötzlich los. Mein Chef konnte ihn nicht halten.

Ich zog stärker an den Zügeln, versuchte ihn zu bremsen, setzte mich tiefer in den Sattel. Der Hengst riss die Vorderhufe hoch, meine Füße glitten aus den Steigbügeln und ich hob ab. Im Fallen ließ ich die Zügel los und landete auf der Seite.

Sand klebte an meiner Wange. Meine Schulter schmerzte. Ich brauchte einen Moment, bis ich mich aufrappeln konnte. Der Hengst stand ruhig da. Er hatte seinen Willen bekommen.

Mein Chef näherte sich ihm vorsichtig und packte ihn wieder am Halfter. »Alles in Ordnung?«, fragte er. Ich nickte. »Dabei lief er so schön an der Longe. Gestern hat er sich das Aufsitzen doch schon gefallen lassen.«

Ich klopfte mir den Staub von der Hose und lächelte geknickt. Jede Bewegung tat mir weh. »Mit dem haben wir wohl noch ein bisschen Arbeit vor uns!«

Ich übernahm den Hengst und führte ihn hinaus auf die Weide. Als ich ihm das Halfter abnahm, galoppierte er sofort los.

Das war bisher die schmerzhafteste Unterrichtsstunde gewesen, vom Muskelkater in der Anfangszeit abgesehen. Für heute hatte ich genug vom Reiten und war froh, dass ich mich jetzt wieder ums Ausmisten kümmern konnte: 27 Pferdeboxen – ich brauchte zwei Stunden, bis ich durch war. Zum Glück konnte ich dabei wenigstens kurz Suleika Hallo sagen, meiner Shagya-Araberstute, ein Geschenk meines Vaters zum guten Schulabschluss. Sie wartete schon darauf, dass sie dran war mit dem Reiten. Doch ich musste Suleika auf später vertrösten und fegte zuerst weiter den Hof. Bald schon versank ich angesichts der monotonen Arbeit in Gedanken. »Du hast echt was drauf!«, riss mich auf einmal eine Stimme aus meinen Träumen. Ich schreckte hoch, als Johannes scheppernd seine beiden Eimer neben sich abstellte. Er stützte die Hände in die Hüften.

Ich mochte Johannes. Er war zwanzig Jahre alt, schlaksig und arbeitete von früh bis spät wie wir alle hier, aber er hatte immer ein Lächeln auf den Lippen. Wenn ich um fünf Uhr morgens in den Stall kam, war Johannes stets schon da. Manchmal setzten wir uns am Vormittag zusammen hin, aßen unsere Brote und er teilte seinen Kaffee mit mir. Anfangs hatte er mir oft geholfen, wenn ich abends nicht fertig geworden war.

»Was?«, fragte ich verwirrt.

»Wie du einfach wieder aufgestiegen bist nach dem Sturz.«

»Das gehört dazu.« Ich lächelte. Selbst wenn das Pferd nicht wollte, ich musste es einfach wieder versuchen.

»Du bist zäh!«

»So leicht wird mich niemand los.«

Er lachte. »Hast du dir wehgetan?«

»Nicht schlimm.«

»Ich mach jetzt Feierabend. Bis morgen Früh.«

Johannes brachte die Eimer um die Ecke und war weg.

Es war 19 Uhr und nachdem ich den Hof gefegt hatte, war auch für mich Feierabend. Am liebsten wäre ich direkt ins Bett gefallen. Stattdessen nahm ich ein Halfter und ging zu Suleika, die gerade anfing, gegen die Wand ihrer Box zu treten. Von der anderen Seite der Wand kam lautes Wiehern.

»Suleika, hör doch auf. Zeit für Bewegung.« Mir tat alles weh, als ich aufstieg. Aber es musste sein. Den Sattel ließ ich weg, weil ich ihn nicht mehr heben wollte und ich es viel lieber mochte, Suleikas Rücken zu spüren.

Eine halbe Stunde ritten wir über die Felder hinter dem Hof.

Suleika war das eigensinnigste Pferd, das mir je begegnet ist, und ich liebte sie dafür. Sie ließ niemand anderen in ihre Box, aber das war kein Problem, denn das Ausmisten und Füttern war ja hier meine Aufgabe. Wenn sie nur die anderen Pferde in Ruhe gelassen hätte. Ich hatte den Eindruck, sie war eifersüchtig.

Nach dem Ausritt brachte ich sie für die Nacht auf die Koppel. Hoffentlich sorgte sie bei den anderen Pferden nicht für Ärger.

Es war gerade dunkel, als ich Halfter und Putzzeug wegräumte. Ich schlurfte mit schweren Beinen über den Hof auf das Wohnhaus zu.

Mir fielen fast die Augen zu und ich freute mich auf die Dusche und mein Bett, als ich plötzlich meinen Namen hörte.

»Warte, ich hab noch was mit dir zu besprechen«, rief mein Chef und kam auf mich zu. Oh nein. Ich hatte dem Pferd in der Dressurstunde heute nichts entgegenzusetzen gehabt, weil ich zu jung war, ein erst 17-jähriges Mädchen. Das war es, was er bemängeln würde. Irgendwie wartete ich schon die ganze Zeit darauf. Die Ausbildung im Dressurstall war eigentlich erst ab 18 vorgesehen. Mein Chef war indes kulant gewesen und hatte die ausdrückliche Erlaubnis meiner Eltern akzeptiert und jetzt bereute er es. Dabei war ich kein zartes Mädchen und ich hatte auch kein Problem mit harter Arbeit. Ich würde ihm versprechen, schneller zu arbeiten. Ich war nun mal als Lehrling für die Drecksarbeit zuständig.

»Ich schätze, du hast es schon selbst mitbekommen.« Ich nickte und wollte gerade ansetzen, da sprach er weiter. »Leider musst du eine andere Lösung für dein Pferd finden. Sie bringt zu viel Unruhe in den Stall.« Ich war kurz sprachlos, während er auf eine Antwort wartete. »Überrascht dich das?«

»Nein, Sie haben völlig recht.« Ich schüttelte den Kopf. »Ich hatte ehrlich gesagt mit etwas ganz anderem gerechnet.«

»Womit?«

»Ich kam mit dem Jungpferd heute nicht zurecht. Das ärgert mich immer noch.«

»Mach dir keine Sorgen. Der heute ist ein Ausreißer. Du hast ein sehr feines Gespür für jedes Pferd. Das hab ich schon gesehen, als du beim ersten Mal vorgeritten bist. Sonst hätte ich dich nicht eingestellt, glaub mir.«

Meine Mundwinkel wanderten nach oben. Ich hatte mich wohl gut angestellt. Das hier schien mir der klassische Weg zu sein – vorbestimmt für ein Mädchen, das mit neun Jahren anfing mit Reitstunden und Voltigieren und mit zwölf Jahren das erste Pflegepferd hatte. Niemand in meiner Familie teilte meine Pferdeliebe. Aber hier fühlte ich mich gut aufgehoben, als hätte ich ein zweites Zuhause gefunden.

»Es ist zwar noch zwei Jahre hin, aber vielleicht stelle ich dich nach der Ausbildung ein. Jemanden wie dich kann ich gut gebrauchen als Bereiterin«, fügte mein Chef hinzu.

»Wow, vielen Dank ... Tja, Suleika ist wohl nicht für einen so großen Stall geschaffen ...«

»Alles klar. Du findest schon eine Lösung. Gute Nacht!«

Er stapfte davon. Jetzt erst wurde mir langsam bewusst, was das für Suleika bedeutete. Mir war nach Schreien und Fluchen. Hatte er mir das unbedingt jetzt am Abend sagen müssen? Ich war zu müde, um mir jetzt noch Gedanken darüber zu machen. Das war eine ganz große verdammte ... es war einfach nicht fair.

Gleich die erste Kaufinteressentin war dann begeistert von Suleikas Statur und ihrem gepflegten weißen Fell. Sie kaufte sie für einen guten Preis als Zuchtpferd. Es gab ab da für mich keinen Grund mehr, am Wochenende hierzubleiben, und so nahm ich jeden Freitag den Zug nach Hause. In meinem alten Kinderzimmer schlief ich durch und kurierte meinen Muskelkater. Ich hatte Schwielen an den Händen, an Oberarmmuskulatur beträchtlich zugelegt und einen Rückenschmerz, der sich hartnäckig hielt. Aber ich blieb auch konsequent dabei, in der Überzeugung, dass ich mich schon irgendwann an die körperliche Arbeit, das frühe Aufstehen und die Überstunden gewöhnen würde.

Mit 27 Pferden und überdies Reitschülern und Pferdebesitzern mit Sonderwünschen lief es nicht immer nach Plan. Das war nach einem Jahr noch genauso wie zu Beginn.

Und dann war wieder einmal so ein Tag, der unendlich viel Energie kostete. Die Woche war erst zur Hälfte vorbei, aber ich fühlte mich, als wäre ich gerade einen Marathon gelaufen, nur ohne die Euphorie, eher so, als wäre es nur die erste Etappe gewesen. Der Arbeitstag war mein persönlicher Marathon. Ich fiel aus dem Bett in meine schmuddeligen Arbeitsklamotten, schlurfte über den dunklen Hof und kniff die Augen zusammen, um mich vor dem Licht im Stall zu schützen.

Johannes pfiff ein Lied, ich schaufelte und schippte wie ein Zombie und versuchte dabei, das Stöhnen zu unterdrücken, wenn sich mein Rücken meldete, damit ich nicht auch noch klang wie einer. Ich streute Stroh aus, karrte Dreck weg und wagte nicht, mich auch nur eine Minute auf die Mistgabel zu stützen, weil ich befürchtete, im Stehen einzuschlafen.

Die drei Mädchen, die nachmittags zum Reitunterricht kamen, beneideten mich trotzdem. Sie waren wie ich früher. Ihre Augen leuchteten, als sie mit ihren Reitstiefeln und -helmen den Stall betraten und ihr jeweiliges Lieblingspferd begrüßten. Ich beaufsichtigte sie, als sie ehrfürchtig ihr Pferd striegelten, kratzte mit ihnen zusammen die Hufe aus und dann legten wir die Pferde nacheinander zum Warmlaufen an die Longe. Sie strahlten, als sie endlich oben saßen und ihre Runden drehten. Der Unterricht mit den Mädchen war mein Höhepunkt des Tages.

Und dann betrat *sie* auch schon den Stall. Wie Cruella de Vil auf der Suche nach den Dalmatinern stand sie auf einmal wie aus dem Nichts aufgetaucht da. Ihre schwarz-weiß gefleckte Stola, die sie sich immer über die Schultern hängte, zu ihren rot geschminkten, missbilligend verzogenen Lippen erinnerte mich immer wieder unwillkürlich an den Disney-Film.

»Ist Kira vorbereitet?«

Ich erschrak und sah auf die Uhr. Mit den Mädchen hatte ich die Zeit etwas außer Acht gelassen. Cruellas Pferd müsste bereits gesattelt und gebürstet sein. Nicht mal das Warmreiten übernahm diese Frau gern selbst. Lieber bezahlte sie andere dafür.

»Es tut mir leid, dafür hatte ich noch keine Zeit. Kira steht noch auf der Weide.«

Da kam Johannes um die Ecke und blieb im Stalleingang stehen. Er nickte mir zu und ging schnellen Schrittes los. Ein Retter in höchster Not.

Cruella hatte uns ihr Pferd zum Bereiten gebracht, weil es vom Vorbesitzer völlig verzogen gewesen wäre, wie sie behauptete. Ich hatte mich vier Wochen lang fast täglich mit der Stute beschäftigt, erst unter Anleitung meines Ausbilders, dann, nachdem er sie mir anvertraut hatte, allein. Manchmal versuchte sie noch ihren Sturkopf durchzusetzen, aber ich wiederholte konsequent die Befehle, bis sie mich verstand. Sie lief an der Longe ihre Runden und führte die Gangarten perfekt aus, wenn ich im Sattel saß. Ich sah kein Problem mehr. Die Lektion heute hatte ich deshalb etwas kürzer gehalten, weil noch so viel zu tun war. Ich verstand nicht, wie Cruella dieses Pferd als verzogen bezeichnen konnte. So schlimm war es nicht. Ging es ihr nur darum, schön auszusehen, oder wirklich um die Liebe zum Pferd? Cruella und ich hatten jedenfalls nicht viel gemeinsam.

Jetzt sah sie mich missbilligend an und ließ ihren Blick von unten nach oben schweifen, von meinen Gummistiefeln über meine schäbigen, schmutzigen Klamotten bis hinauf zu meinen Haaren, die ich heute früh um fünf schnell zusammengeknotet hatte. Hätte sie den ganzen Tag im Stall geackert, statt in ihrem Bürosessel zu thronen, sähe sie auch anders aus … Die konnte mich mal. Ohne die Miene zu verziehen, drehte ich mich um und ging Johannes entgegen, der mit Kira um die Ecke kam. Ich nahm sie ihm ab und murmelte ein Dankeschön. Dann schlug ich Cruella vor, mir bei der Vorbereitung zu helfen. Das wäre auch positiv für die Bindung zwischen Pferd und Reiterin, erklärte ich ihr und wusste sogleich, dass das ein Fehler war.

»Das Pferd kennt mich gut genug. Angesichts des Geldes, das ich an den Reitstall zahle, ist dein Vorschlag eine Frechheit!« Sie lachte und wandte sich ab, wahrscheinlich um meinem Chef brühwarm davon zu erzählen. »Im Übrigen verfüge ich über etliche Jahre mehr Reiterfahrung als du. Ich hatte nur die besten Pferde und die haben mir alle gehorcht!«

Das Pferd tat mir leid. Für Cruella war es nicht mehr als ein Sportgerät. Bestimmt hatte sie wieder etwas an Kira auszusetzen, wenn sie fertig war.

Ich widmete mich dem schönen Pferd mit Hingabe und unterdrückte die Tränen. Für einen Heulkrampf war keine Zeit – die anderen Pferde warteten auf ihr Kraftfutter und ich verkniff mir zu zeigen, wie wütend ich war.

In diesem Moment hätte ich am liebsten alles hingeschmissen. Ich wollte den Tag nur noch hinter mich bringen und den danach auch und dann nach Hause fahren. Und vielleicht gar nicht mehr wiederkommen. Aber das ging ja nicht. Es musste weitergehen.

Ich longierte die Pferde, ließ sie Schritt gehen, traben und galoppieren, Bahn um Bahn, wechselte die Gangart und achtete auf ihre Haltung. Es war doch meine verdammte Pflicht, dass sie begriffen, was ich von ihnen wollte. Mein Chef hielt doch so viel auf mich – ich durfte ihn nicht enttäuschen.

Wenn sie das Grundsätzliche dann gelernt hatten, kam die nächste Stufe: Figuren reiten.

Am Ende eines langen Tages wollte ich mich oft gar nicht mehr wieder auf ein Pferd setzen. Erschöpft fiel ich ins Bett und hoffte auf die regenerierende Kraft des Schlafes. Nur zu einem letzten Gedanken war ich fähig, bevor ich wegdriftete: Wenn ich Pferde doch so liebte, warum hatte ich dann so häufig keine Lust mehr, morgens aufzustehen?

Kurzentschlossen

Kalifornien war ein immer gut gelaunter Angeber mit seiner Sonne, den weiten Stränden und den Surfern. Ein blauer Camper-Van mit türkisblauer Plüsch-Innenverkleidung brachte uns – meine Freundin, Wichtel und mich – von Colorado über die Rocky Mountains an die Westküste. Den perfekten Ort fürs Aufatmen fand ich in Encinitas, wo ich den Camper-Van dauerhaft neben anderen Abenteurern und Aussteigern parkte. Als meine Freundin zurück nach Deutschland flog, waren Wichtel und ich allein. Ich verdiente mir Geld, indem ich Mädchen bunte Strähnen am Strand einflocht oder auf Häuser aufpasste, und hörte viele Geschichten von neuen Freunden – Künstler, Aussteiger und Lebenskünstler. Am Ende war der Van voll mit Erinnerungen. Es fiel mir schwer, ihn so zurückzulassen. Mit anderthalb Jahren Abstand und neuen Impulsen im Gepäck kam ich zurück nach Deutschland.

In Köln startete ich neu in ein Berufsleben, in dem Pferde nichts mehr zu suchen hatten. Die Zeit war wild, turbulent und das, was man im Nachhinein als die beste Zeit des Lebens bezeichnet. In einem Laden für Künstlerbedarf, in dem ich als Verkäuferin arbeitete, fand ich eine Unterstützerin, die mir die Ausbildung zur Maskenbildnerin ermöglichte. Durch das Face- und Bodypainting lernte ich Eve kennen, die gleichsam zu meinem Zwilling wurde. Nicht nur, weil wir oft auch rein äußerlich für Schwestern gehalten wurden, wenn wir zusammen Jobs hatten; wir teilten die Wohnung, den Spaß und die Nächte – nicht anders als platonisch, aber Männer brauchten wir trotzdem nicht. Unsere Ideen ergänzten sich: Es machte großen Spaß, zusammen Tanz- und Körperbemalungs-Projekte für Messen und Veranstaltungen auszuarbeiten. Eve war nicht nur Künstlerin, durch sie kam ich auch in die Tänzer-Szene hinein. Eine unserer gemeinsamen Freundinnen war gebürtige Ghanaerin.

In Ghana machte ich nach zwei Jahren endlich wieder Urlaub, an der Atlantikküste und im Landesinneren. Accra – das war die faszinierende Fremde, mit ihrem neuartigen Rhythmus und ihrer exotischen Würze. Unvorstellbar, dass mich dies je wieder loslassen würde, dachte ich schon in dem Moment, in dem ich zum ersten Mal durch die Stadt fuhr und durch das Fenster des Wagens nach draußen sah. Meine Freundin Ereka hatte mich hierher eingeladen. Wir fuhren vorbei an den Straßenhändlern vor großen modernen Gebäuden, an kleinen Blechhütten und auf dem Markt trugen Frauen Körbe auf dem Kopf oder Babys auf dem Rücken. Wir schlängelten uns durch den dichten Verkehr, die Autos um uns herum hupten, Erekas Bruder hupte auch und redete laut mit seiner tiefen Stimme, ohne dass ich sein Englisch verstand.

Während Ereka sich mit ihrem Bruder unterhielt, starrte ich aus dem Fenster. Das hier war eine ganz andere Welt für mich. Ich konnte den Blick nicht von den Menschen losreißen. Das Leben schien sich auf der Straße abzuspielen, überall sah ich tobende Kinder. Wir fuhren durch Straßen mit großen Häusern, die nach Wohlstand aussahen, mit von Mauern umgebenen Villen und Einkaufsmalls; dann wechselte das Bild, als wir die Stadt verließen. Staubige Straßen und ärmliche Hütten prägten nun die Szenerie. Vor einer davon hielten wir. Zwei Frauen saßen auf der Veranda davor, jede mit einem kleinen Kind auf dem Schoß – eine davon musste Erekas Schwägerin sein.

Ereka und ich hatten uns in Köln kennengelernt. Ihre Familie lebte in Ghana und ihr Bruder machte jetzt in seinem kleinen Haus ein Zimmer für mich frei. Meine Freundin besuchte ihre Großeltern, Tanten, Großtanten, Cousins und Cousinen in Accra und Kumasi und nahm mich überallhin mit. Egal, wie klein ihre Hütten waren, ihre Verwandten hatten immer Platz, eine Matratze und einen Teller voll Essen für uns.

Gleich am ersten Tag in Kumasi zog mich Erekas Cousine als Helferin hinzu. »Wir machen Fufu zum Abendessen«, sagte sie und gab geschälte Plaintains, so etwas Ähnliches wie Bananen, die sie vorher gekocht hatte, in eine massive Schüssel, die auf einem kleinen Podest stand. Dann nahm sie mit beiden Händen einen dicken Holzstampfer und schmetterte ihn auf das Gemüse, immer wieder.

Nachdem sie mir das vorgeführt hatte, war ich dran. Der Stampfer war schwer. Schon nach zwei Minuten brauchte ich eine Pause. Die Cousine lachte und Ereka musste einspringen. Wir bearbeiteten das Gemüse abwechselnd mit dem Stampfer, während Erekas Cousine es in der Schüssel rührte und wendete. Als die Plaintains matschig genug waren, gab sie Cassava in feinen Stücken dazu – ein Wurzelgemüse. Mit ein wenig Wasser und durch ewiges Stampfen wurde die Masse allmählich feinsämig und langsam immer fester.

»Das ist Fufu!«, erklärte sie, als sie mir den glatten Klumpen präsentierte. Dazu gab es einen würzigen Dip und Fischsuppe.

Ereka war nach Deutschland gekommen, um als Tänzerin Karriere zu machen. Hier in Ghana tanzte sie auch, in einem Club am Silvesterabend. Wir fuhren zu siebt in einem Geländewagen an den Rand der Stadt. Mit Erekas Freunden, die mit uns im Auto saßen, hatte ich ebenfalls schon Kontakt gehabt.

Im Club angekommen, stellte sie mir noch viele weitere Freunde und Bekannte vor. Schon nach einem Bier war ich nicht mehr in der Lage, mitzuzählen, geschweige denn, mir Gesichter und Namen zu merken. Der Alkohol machte meinen durch die tropische Hitze geschwächten Körper nicht stabiler. Aber ich war ja erst fünf Tage hier, es würde sich sicher noch bessern.

Bald bemerkte ich, dass ein junger Mann beharrlich an meiner Seite blieb. Ereka war verschwunden – sie musste ihren Auftritt vorbereiten. Egal, sie würde mich schnell finden, ich war die einzige Weiße hier. Und außerdem hatte ich einen selbsternannten Aufpasser. Robert hieß er, der Name war leicht zu merken.

Robert hatte einen kahl rasierten Kopf und Muskeln, die sein Shirt nicht verbergen konnte oder sollte. Wir standen an der Bar und er drückte mir das nächste Bier in die Hand. Ich war zu gut drauf, um mich zu wehren, und froh, dass ich mich in der Dunkelheit des Clubs und hinter seinem breiten Körper wenigstens vorübergehend verstecken konnte.

»Wovor versteckst du dich?«, fragte er.

»Vor ihren Blicken. Manche gucken sehr gruselig ... Machen die das immer so oder nur bei mir?« Erst das zweite Bier und ich wurde schon redselig.

»Welche Blicke?«

»Die Frauen. So wie die da! Wenn du dich jetzt umdrehst ...«

Er drehte sich um.

»Was ist deren Problem?«, fragte ich, in der Hoffnung, dass Robert Ahnung von Frauen hätte.

»Die haben Angst, du könntest ihnen den Freund ausspannen.« Er grinste und ich wusste nicht, ob er das ernst meinte. »Manche sind einfach neidisch auf weiße Frauen.«

»Also, wenn du eine Freundin hast, bleib lieber fern von mir. Ich habe keine Lust, in meinem Urlaub die Augen ausgekratzt zu bekommen ...«

Robert wich jedoch nicht von meiner Seite. Er hatte wohl keine Freundin.

Ich wollte aus naheliegenden Gründen dann wissen, ob er viel Sport treibe. Er erzählte mir, er sei Fitnesstrainer und wolle sich selbständig machen. Wenn er dann viel Geld als Personal Trainer verdiene, würde er sich ein eigenes Haus am Strand bauen, hier in Ghana.

Robert hatte sehr genaue Vorstellungen. Ich forderte ihn auf, mir eine architektonische Skizze von seinem Traumhaus zu machen.

Er nahm eine Serviette und kritzelte drauflos, eine Minute später zeigte er mir seinen Entwurf: ein Haus, das ein Dreijähriger genauso gemalt hätte, mit einer Frau daneben, einem Zaun und einem vierbeinigen Tier, das vielleicht eine Ziege oder eine zu groß geratene Katze darstellen sollte – er konnte überhaupt nicht malen.

Robert grinste, seine Grübchen auf den Wangen zeigten sich und wir prusteten los. Wir lachten, bis wir außer Atem waren.

Ich brauchte dann eine Verschnaufpause vom Lachen, also tanzten wir. Nach einer Weile merkte ich, dass der Boden unter meinen Füßen immer näher kam und die Wände schwankten. Robert packte mich plötzlich am Arm, zog mich durch die Menge und ich stolperte ihm mit Tunnelblick hinterher bis nach draußen. Er hielt mich an den Schultern, als ich mich auf die Treppenstufen setzte, und bat jemanden, mir Wasser zu bringen.

Hier draußen war es mitten in der Nacht immer noch tropisch warm, aber die Luft war wenigstens besser als drinnen. Kalter Schweiß trat mir aus den Poren. Ich klammerte mich an der Wasserflasche fest, die mir jemand kurz darauf reichte, und atmete tief ein und aus, bis das schummrige Gefühl verschwunden war.

Robert setzte sich eine Stufe unter mich. Die Musik drang nach draußen und wir schwiegen eine Weile. Ich lehnte meine Schulter an seine. Keiner von uns machte Anstalten, wieder in den Club zu gehen.

Ich erzählte von meinem Roadtrip durch die USA. Robert war noch nie außerhalb Ghanas gewesen.

Später versuchte ich ihm den Kölner Karneval zu erklären, die Hauptgeschäftssaison für mich als Maskenbildnerin und für den Laden, in dem ich arbeitete. »Ihr zieht durch die Straßen – aber wie kalt ist es denn im Winter in Deutschland … im Februar?«

»Kalt, sehr kalt«, sagte ich.

»Ich hab keine Ahnung, wie fühlt sich das an?«

»Setz dich längere Zeit in einen Kühlschrank, dann kannst du's dir vorstellen. Mir macht Kälte keinen Spaß.«

»Dann musst du in einem warmen Land leben … so wie Ghana«, sagte er.

»Aber Schnee würde ich schon vermissen«, wurde mir bewusst. Ich erzählte ihm, wie ich als Kind einmal einen Schlitten an ein Pony gebunden hatte. Der Schlitten war extra groß, von meinem Großvater selbst gebaut. Das Pony zog ihn mit uns drei Kindern die Straße hinunter, an einer Kurve bog das Pony ab. Wir schossen aber weiter geradeaus auf eine Gartenmauer zu. Ich schmiss mich nach unten und riss meine Geschwister mit. Der Schlitten krachte mit voller Wucht an die Mauer und zerbrach in Einzelteile. Das Pony lief, als wäre nichts gewesen, allein weiter. Meine Mutter war geschockt und mein Großvater enttäuscht, als ich ihnen erklärte, wo sie die Einzelteile des Schlittens finden könnten …

Robert kicherte und legte mir einen Arm um die Schulter. »Du bist eine Lebensretterin.«

»Aber wenn ich nicht diese dumme Idee gehabt hätte …«

»Tja, Kinder …«

Plötzlich sah er auf die Uhr, sprang auf und zog mich hoch. Es war kurz vor Mitternacht. Wir drängten uns durch die tanzende Menge, bis wir Ereka und die anderen wiedergefunden hatten.

»Fünf, vier, drei, zwei, eins«, schallte es durch den Club und ich stimmte mit ein. »Happy new year!« Ich küsste Robert auf die Wange. Er sah mich überrascht an und hielt mich fest im Arm.

Ein paar Stunden später, am Morgen des ersten Januars, küssten wir uns zum ersten Mal richtig. Ab dem Moment hörten wir gar nicht mehr auf mit dem Küssen. Und ich wollte auch nicht, dass wir damit aufhören mussten, also verlängerte ich meinen Urlaub. Es ging um viel mehr als das Küssen. Ich war jeden Tag mit ihm zusammen und es war so einfach und vertraut, als würden wir uns ewig kennen.

Er war witzig, charmant und er trug mich auf Händen – buchstäblich, denn er hatte ja diesen unglaublich durchtrainierten Körper mit den starken Armen. Ich hätte nicht geglaubt, dass ich einmal so denken würde, vor allem so schnell, doch so war es – ich wünschte mir, meinen Weg mit Robert zusammen zu gehen. Ghana war für mich aufregend, aber mein Leben war in Deutschland. Die Lösung war einfach – wenn wir verheiratet wären, könnte Robert mit mir nach Deutschland kommen. Er wollte dort als Fitnesstrainer arbeiten und auf seinen Traum – sein Haus an der Atlantikküste in Ghana – sparen.

Bei unserer Hochzeit, vier Wochen nachdem wir uns kennengelernt hatten, trug ich ein buntes traditionelles Gewand. Seine ganze Familie war dabei. Meine Freundin Ereka hingegen war schon längst wieder in Deutschland.

Als ich zurück nach Köln kam, war die Wohnung, die ich mir mit Eve teilte, leer. Ich sah Eve wochenlang nicht.

Robert musste währenddessen noch auf seine Dokumente warten, bevor er einreisen konnte.

Eve aber war wie vom Erdboden verschluckt. Auf dem Tisch hatte eine Glückwunschkarte zur Hochzeit gelegen und ein Zettel: »Mach dir keine Sorgen, falls du nichts von mir hörst. Ich trainiere für eine neue Show und lebe im Wohnwagen. Du und dein

Frischgebackener, ihr habt also die Wohnung für euch. Ich freue mich darauf, deinen Ehemann bald kennenzulernen.«

Ich schüttelte den Kopf. Ich musste mich erst an die Worte »Ehemann« und »Ehefrau« gewöhnen, weil sie mich automatisch an Verhältnisse denken ließen, wo der Mann das Geld verdiente, während die Frau die Wohnung putzte, abends Essen kochte und auf ihren Schatz wartete. Wir würden das natürlich anders machen.

Ereka freute sich, dass Robert bald bei mir in Deutschland war. Sie war ja sozusagen mit Schuld an dem Ganzen und sie mochte ihn.

Meine Mutter reagierte gelassen, wenn auch nicht begeistert. »Ich hoffe, du weißt, was du tust. Aber offensichtlich bist du verliebt. So hab ich dich noch nie von einem Mann reden hören«, hatte sie gesagt und ich konnte ihr Lächeln durchs Telefon hören, als ich sie vor der Hochzeit aus Ghana angerufen hatte. Wir beide wussten, dass sie mich nie von irgendetwas abhalten könnte, was ich mir in den Kopf gesetzt hatte. So war sie glücklich, wenn ich glücklich war. So war und ist meine Mama.

Anders als meine Chefin im Laden für Künstler- und Schminkbedarf. Das lag aber daran, dass ich meinen Urlaub eigenmächtig von vier auf sechs Wochen verlängert hatte, um länger in Ghana zu bleiben. Ein schlechtes Gewissen hatte ich deswegen schon. Es war Karnevalszeit gewesen, da wurde der Laden fast überrannt und sie hatte auf mich als Vollzeitkraft verzichten müssen. Ganz offensichtlich brauchte ich so schnell wie möglich eine neue feste Einnahmequelle. Die Anstellung im Laden hatte mich zwischen meinen Visagisten-Jobs immer über Wasser gehalten. Nicht umsonst hatte ich dort so viele Künstler und Kreative kennengelernt: Jetzt konnte ich mir ein Netzwerk aufbauen.

Ja, und dann war da noch mein Vater. Ich hatte mich davor gedrückt, ihn von Ghana aus anzurufen. Er hätte doch nur mit aller Macht versucht, es mir auszureden. Und dann hätte er völlig verärgert und besorgt aufgelegt. Das wollte ich uns beiden ersparen. Lieber wollte ich vor ihm sitzen und ihm zeigen, wie glücklich ich war. Er konnte ja doch nichts daran ändern, wie es war. Ich ersparte ihm so im Grunde einige Wochen voller Sorge.

Ich war mir nicht sicher, ob die Strategie gut war, aber ich zählte auf Robert, auf sein ansteckendes Lächeln und seine tolle Ausstrahlung. Man musste ihn einfach mögen!

Friesen und Einhörner

Eine junge Frau in einem Kleid aus hauchdünnem weißem Stoff tritt auf eine Lichtung im Wald, der dicht und grün hinter ihr aufragt. Ihre zarten Gliedmaßen bewegen sich geschmeidig zu sphärischer Musik. Verspielte Glocken- und Flötenklänge tönen durch die Luft wie Schmetterlinge. Ihr Kleid weht bei jedem Schritt und jedem Sprung über die Lichtung, bewegt sich im unsichtbaren Wind, wenn sie verharrt, und lässt die Tänzerin so durchsichtig wirken, als wäre sie eine Fee in einem Zauberwald. Ihre langen, lockigen braunen Haare umspielen ihre Schultern, als sie ihre Arme ausstreckt und sich einmal um die eigene Achse dreht. Fünf strahlend weiße Einhörner umkreisen sie jetzt mit federleicht wirkenden Schritten. Sie bleiben stehen und verneigen sich vor ihr wie vor einer Angebeteten. Die Fee lacht und geht zu jedem Einhorn, um es zu begrüßen. Ein friedliches Bild, das minutenlang anhält ...

Bis die Musik verstummt. Die weißen Einhörner werden unruhig. Jetzt bemerkt auch die Fee die Veränderung und kauert sich hinter einen Baumstumpf. Die Lichtung verdunkelt sich, als schöben sich Gewitterwolken vor die Sonne. In die Stille hinein hallt ein Donnerschlag, dann noch einer. Dramatische Musik von Streichinstrumenten begleitet die fünf schwarzen Pferde mit ihren schwarz gekleideten Reitern, die nun auf die Lichtung stürmen. Die Einhörner flüchten. Eine Frau in einem knappen rotschwarzen Anzug stolziert in schwarzen Stiefeln auf die Lichtung.

Von der Fee ist keine Spur mehr zu sehen. Die Verkörperung des Bösen singt alsdann mit dunkler boshafter Stimme und verhängt einen Fluch über den Zauberwald. Ihre Friesenpferde marschieren hin und her wie Platzhirsche und reißen auf Kommando ihrer Höllenfürstin die Vorderbeine so weit hoch, wie sie können. Eine Reihe von Donnerschlägen macht die Bedrohung greifbar, bis der Wald in Dunkelheit und Stille versinkt. Eine Erlösung.

Nach einigen Momenten der Dunkelheit scheint das Licht wieder auf. Die hellen Mauern einiger flacher Häuser umrahmen einen Marktplatz, in dessen Mitte eine spanische Tänzerin in einem orange-roten Kleid auf der Stelle steppt. Sie sieht sich dabei anscheinend verwundert um. Ihre Schultern sind eingezogen, die Hände umklammern eine Glaskugel und reiben daran. Sie hält die Glaskugel freudestrahlend in die Höhe. Weiße Einhörner mit Kopfschmuck stoßen dazu und man erkennt in der Spanierin die Fee aus dem Zauberwald. Sie hat sich vor der Höllenfürstin in eine andere Welt gerettet. Traditionelle spanische Klänge setzen ein und sie führt einen Flamenco-Freudentanz auf, begleitet von ihren Einhörnern. Athletische Männer laufen auf die Bühne, heben die Tänzerin hoch, bauen eine Pyramide auf und strahlen ins Publikum. Händeklatschen ertönt und schwillt an zu lautem Applaus.

Da wird der Bildschirm schwarz und im Raum herrscht Stille.

Ich fühlte den Schweiß in meinen Handflächen, als würde ich gerade in diesem Moment wieder auf der Bühne stehen.

»Ein paar kleine Patzer, aber für unsere erste Show in dieser Besetzung – grandios«, resümierte Günther Fröhlich und alle atmeten erleichtert auf. Dem Chef gefiel es. »Die Bühnenbilder vermitteln einen starken Kontrast. Genau so hab ich es mir vorgestellt.«

Man nannte Fröhlich in Kennerkreisen auch den »Friesenpapst«. Er arbeitete bereits seit Jahrzehnten erfolgreich mit

Pferden, züchtete die starken schwarzen Pferde auf seinem Gestüt und trat mit ihnen auf. Erstmals nun auch im großen Stil. Eve war eine der Tänzerinnen, Robert übernahm eine artistische Nebenrolle. Ich ritt eines der schwarzen Pferde im Hintergrund und hatte an den Kostümen mitgearbeitet.

»Die Kostüme wirken richtig gut«, gab Eve mit ihrem strahlenden Lächeln dazu.

»Licht und Musik könnten noch besser aufeinander abgestimmt werden. Der Ton beim Gesang – wir brauchen eine bessere Anlage, wenn es größer werden soll«, fügte unser Techniker hinzu.

»Größer?« Die Show sollte größer werden? Ich hätte es fast überhört, aber Robert, der noch Deutsch lernte, hakte nach. Eine gute Frage. Größer als zehn Pferdeanhänger und vier Lkws? Zwei Dutzend Männer und Frauen saßen gespannt da und warteten auf eine Antwort des Chefs.

»Überlegt euch bitte, ob ihr mit mir auf Tour durch Europa gehen wollt. Diese Show, so wie sie jetzt ist, werden wir in den nächsten Monaten aufführen. Aber bald soll daraus eine abendfüllende Veranstaltung werden. Eine Mischung aus Pferdeshow, Musical und Zirkus. Das plane ich natürlich nicht allein, ich habe einen wichtigen Mann dafür an meiner Seite. Und ich möchte euch alle«, er blickte jeden einzelnen von uns an, »einladen, nein, bitten, auf den Zug aufzuspringen. Ohne euch hätte ich diese Show nicht auf die Beine stellen können.« Er sah uns gespannt an, rieb sich über seinen Bart und zwinkerte. »Ich bin nur der Mann mit den Friesen und dem Größenwahn ...«

Robert sah mich aufgeregt an. Wir dachten offensichtlich das Gleiche – wenn wir auf Tour gingen, dann zusammen. Er müsste nicht weiter im Fitnessstudio arbeiten und ich – ich wollte einfach Teil dieser Show sein, auch wenn ich für die Bühne noch so viel lernen müsste. Ich war doch nur die Frau, die gut mit Pferden, Make-up und Nadel und Faden umgehen konnte.

Applaus, Applaus

»Ganz ruhig, Nelson«, beschwor ich das schwarze Pferd und rückte ihm hinter der Bühne den Kopfschmuck zurecht. Dann zupfte ich an Nelsons schwarzem Umhang – zum zehnten Mal –, prüfte den Sitz des Halfters und der Trense. Ich legte meine Hand an den Hals des kräftigen Friesen. Seine Körperwärme entspannte mich immer.

Links und rechts von mir warteten meine schwarz gekleideten Kolleginnen mit ihren Pferden ebenfalls auf unseren Auftritt. Automatisch bewegte sich meine Hand an Nelson Hals auf und ab, bis mir bewusst wurde, dass ich ihn damit wahrscheinlich noch nervöser machte.

Ich richtete meine Jacke und sah an mir herunter. Alle Knöpfe zu, die Hose saß perfekt, meine Stiefel glänzten, Kostüm – check!

Auf der anderen Seite des Vorhangs sang die Fee Angie, der Publikumsliebling des Pferdemusicals, gerade zum zweiten Mal an diesem Sonntag ihr fröhliches Lied. Noch war da draußen im »Zauberwald« heile Welt, aber gleich würden wir, die Mächte der dunklen Seite, alles durcheinanderbringen – auch zum zweiten Mal, wie jeden Sonntag.

Noch dreißig Sekunden bis zum Einsatz. Ich setzte einen Fuß in den Steigbügel und schwang mich in den Sattel. Ein Griff an den Hut, der in perfekter Position fest saß. »Also gut, Nelson, wir machen das schon.«

Ein knappes Nicken nach links und rechts, dann richtete ich meinen Blick nach vorn auf den Vorhang, der sich gleich für uns öffnen würde. Ich hob das Kinn und lächelte, als ich Nelson das Startsignal gab.

Der Einmarsch verlief perfekt. In der Mitte der Manege bildeten wir eine Reihe, teilten uns dann auf, fünf Reiter nach links, ich drehte mit vier anderen Reitern nach rechts ab. Stehen, linker Vorderhuf hoch, drei Sekunden stehen. Ich zog am Zügel, damit Nelson seinen Kopf hochnahm, die Nase heranzog und möglichst imposant aussah. Dann drehten wir uns Richtung Mitte der Manege und ritten in einer Reihe mit den anderen auf die Gegenseite zu. Die weißen Einhörner und ihre Königin Angie drängten sich ängstlich in der Mitte zusammen, während wir sie einkesselten.

Die donnernde Musik steigerte sich, das Licht erlosch, bis auf die Spots im Zentrum der Manege. Nelson hasste diesen Part. Ich spürte mein verkniffenes Lächeln und versuchte die Lippen wieder zu öffnen. Nelson wurde langsamer, wir hingen hinter den anderen her, erst nur ein paar Zentimeter.

Bleib dran, das können wir noch schaffen, flüsterte ich ihm ein. Der Abstand wuchs, einen halben Meter zurückgesetzt, blieb er auf einmal stehen. Mir brach der Schweiß aus. Am liebsten hätte ich laut geflucht. Weiter, weiter, nichts gewesen!

Ich zog die Zügel an, damit Nelson seine Vorderhufe synchron zu den anderen hochriss, so weit er konnte. Mein Hut rutschte nach hinten, ich streckte einen Arm aus, fing ihn auf und setzte ihn schnell wieder an seinen Platz. Da hatten sich meine Haare aber schon gelöst. Der dicke zusammengedrehte Zopf lag auf meiner Schulter, entwand sich, während wir die Manege umkreisten, und schließlich breitete sich mein braunes Haar ungehindert auf meiner Schulter aus. Mein Kopf glühte. Negativ auffallen – check.

Die tadelnden Blicke meiner Kolleginnen konnte ich gar nicht gebrauchen.

»Mach dir nichts draus«, versuchte die Höllenfürstin mich zu trösten, während wir auf den nächsten Einsatz warteten, aber was geschehen war, konnte man nicht herunterspielen. Nelson machte immer wieder die gleichen Probleme während der Show, obwohl beim Proben alles funktionierte. Da war er eben nicht den gleichen Reizen ausgesetzt wie in der Show.

Wir kämpften uns durch den Rest der Vorstellung. Nachdem ich mein Haar wieder hochgesteckt und unter dem Hut verborgen hatte, war ich für das Publikum nicht mehr von den anderen Reitern der Höllenfürstin zu unterscheiden, hoffte ich.

Es lief dann einigermaßen glatt für uns, dennoch war es an manchen Stellen Glückssache, dass Nelson nicht streikte. Erleichtert ritt ich nach dem letzten Vorhang in die Manege.

Das Publikum applaudierte den Darstellern, Tänzern, Artisten und den Pferden. Immer mehr Menschen im Publikum erhoben sich von den Sitzen. Das Klatschen erzeugte ein Rauschen in meinen Ohren, ließ mich aufatmen und meine Mundwinkel hoben sich immer weiter, als ich die glücklichen Gesichter im Publikum sah. Meine Kolleginnen lachten ebenso ausgelassen wie ich.

Robert drehte sich kurz um und warf mir eine Kusshand zu. Er stand immer ganz vorn in der Manege mit den anderen Artisten.

Sobald Nelson und ich aus der Manege hinausritten in Richtung der Ställe, war der Glücksrausch für mich allerdings abrupt vorbei.

Das war keine gute Show für uns beide, das war eine Katastrophe! Ich wollte nichts hören, keine Kommentare, keine als Ratschläge getarnten Vorhaltungen.

Ein Pfleger im Stall nahm mir Nelson ab und ich stapfte durch das Wohnwagendorf zum Trailer. Ich knallte die Tür hinter mir zu und schmiss den Hut aufs Bett. Hektisch fummelte ich an den Knöpfen meiner Jacke und zerrte mir das steife Teil vom Körper. So fiel mir das Atmen wieder leichter. Ich setzte mich hin und machte mich ans Abschminken.

Eine Weile später öffnete sich die Tür des Wohnwagens. Robert kam herein, der Schweiß glänzte auf seinem Oberkörper.

Ich streckte den Arm aus, bevor er mir mit seinem Schweiß zu nahe kommen konnte, und gab ihm schlecht gelaunt einen flüchtigen Kuss. Aber er konnte ja nichts dafür.

»Probleme mit deinem Pferd?«, fragte er.

»Das Pferd will einfach nicht so, wie ich will. Da hilft auch das Üben nichts. Wir machen acht Shows pro Woche und dann soll ich ihn in seiner Freizeit auch noch dazu zwingen? Bei den Proben können wir die Choreo fast im Schlaf.« Mir stiegen vor Wut die Tränen in die Augen. »Was sagen die Chefs? Hast du sie gesehen nach der Show?«

Er schüttelte den Kopf und lachte. »Das war eine tolle Idee, die Haare zu zeigen. Du hast so schöne Haare!«, sagte er.

»Der Hut ist mir vom Kopf gerutscht ...«, protestierte ich, nur halb ernst gemeint. Selbst wenn ich mich ärgerte, brachte er mich zum Lachen. »Die wollen mich bestimmt am liebsten feuern.«

»No way. Du bist von Anfang an dabei. Shit happens.«

Mein Fauxpas war ein Unfall, ein peinlicher Patzer, aber das konnte jedem mal passieren. Nelsons Fehler hingegen waren keine Ausnahme, das wusste Robert auch. Deshalb schwiegen wir. Er zog sich die schwarze Pluderhose aus.

»Ich muss heute früh ins Bett.«

»Okay, und morgen ist unser freier Tag«, sagte Robert, warf sich ein Handtuch über die Schultern und küsste mich auf die Stirn. »Sei ehrlich. Willst du nicht mehr auf Tour sein?«

»Das ist es nicht.« Das stimmte. Ich konnte zumindest nicht ernsthaft behaupten, dass ich nicht gern unterwegs war.

Dieser Trailer war jetzt unser Zuhause. Egal, wo wir waren, die Show war meist ausverkauft. Das bedeutete zweitausend Zuschauer in einem riesigen Acht-Mast-Zelt. Es gab ein Extrazelt für Garderobe und Maske und noch eins zum Warmreiten der Pferde. Nach ein paar Wochen wurde alles eingepackt, inklusive dem Sand in der Manege, und unser Dorf zog in die nächste Stadt. Eine riesige Kolonne von Lkws, Anhängern und Wohnwagen mit 55 Pferden, 65 Darstellern und noch mal 120 Menschen, die für Tiere, Technik, Auf- und Abbau sowie viele weitere Aufgaben zuständig waren.

»Aber?«

»Ich möchte nicht mehr reiten.« Es war schwer, es auszusprechen. Ich hatte mich schon schwergetan damit, es mir selbst einzugestehen.

»Was willst du dann machen?«

»Ich möchte nur noch hinter den Kulissen arbeiten. Schminken, Kostüme herstellen, wie früher.«

»Rede mit Fröhlich.« Jetzt nahm er mich doch in den Arm. Ich lehnte meine Stirn an das Handtuch auf seiner Schulter.

»Weißt du, wie glücklich ich bin, hier mit dir?«, fragte er, ohne eine Antwort zu erwarten. Er sagte oft solche Sachen und hatte schon gelernt, dass mir die Worte nicht so leicht aus dem Mund kamen wie ihm. Ich küsste ihn.

»Nelson ist vielleicht aber nicht glücklich hier.« Ich seufzte und fragte mich, wie wir den Rest der Saison überstehen sollten. Niemand konnte mitten in der Tour aussteigen. Kein Pferd konnte so schnell ersetzt werden und auch kein Mensch.

Hoch geflogen

Ein Albtraum: Ich musste eingeschlafen sein, mit dem Kopf auf dem Tisch neben der Nähmaschine. Die Kostüme waren nicht fertig. Da lagen noch die letzten Teile, die ich an den Kopfschmuck für die Pferde nähen sollte.

Noch dreißig Minuten bis zur Show. Ich rannte aus dem Kostümwagen ins Hauptzelt hinter die Bühne. Die Tänzerinnen lachten, als sie mich sahen. Ihre Taillen wirkten perfekt in ihren Korsagen, die kurzen Röcke zeigten ihre langen, schlanken Beine. *Mein* Kostüm hing noch im Wohnwagen. Ich hatte nicht mehr viel Zeit, es anzuziehen.

Plötzlich fiel mir meine Schrittfolge nicht mehr ein. Und wann war eigentlich mein Einsatz? Was sollte ich tanzen?

Ich riss die Augen auf. Mein Nacken war steif, meine Beine kribbelten vom langen Sitzen. Irgendwie war ich also doch noch kurz weggenickt.

Das Baby in der Reihe vor mir jammerte schon wieder oder immer noch. In einem Flugzeug gab es leider kein Entkommen. Und das hier war der schrecklichste Flug, den ich je hatte.

Die Anschnallzeichen leuchteten auf, wir setzten zum Landeanflug an. Ich streckte mich im Sitz und versuchte meinen Hals zu lockern.

Ich war froh, nach neun Stunden Flug endlich aussteigen zu können. Als Erstes kramte ich mein Handy aus der Tasche und schaltete es an. Es piepte. Eine Nachricht von meiner Mutter:

»Ich muss zu einer Geburt und kann dich nicht abholen. Ruf deinen Vater an.«

Frustriert wählte ich die Nummer meines Vaters und erklärte ihm, dass mich jemand in München abholen müsse.

»Vom Flughafen? Wo kommst du denn her? Das hätte ich gern früher gewusst, du hast Glück, dass du mich gerade erwischst.«

»Eigentlich sollte Mama mich abholen, sie hat aber einen Hebammen-Einsatz.«

Ich hörte lautes Schnaufen. »Gut, es wird aber zwei Stunden dauern, bis ich da bin. Bis dann.«

Ich ließ mich auf eine Bank fallen. Er schien sich auch nicht zu freuen, mich zu sehen, was mich schon wieder an *ihn* erinnerte, an den ich überhaupt nie wieder denken wollte.

Ich versuchte mir ins Gedächtnis zu rufen, wann ich zuletzt mit meinem Vater telefoniert hatte. Das war Monate her. Da war ich gerade erst aus dem Musical ausgestiegen und hatte ihm nur die wichtigsten Fakten genannt: »Hallo Papa, ich bin aus der Show ausgestiegen, aber es geht mir gut und Robert auch, er tourt weiter.« In der Art etwa. Dann hatte ich eilig auch schon wieder aufgelegt, wahrscheinlich um mich mit *ihm* zu treffen. Mir drehte sich der Magen um – mein Vater wusste nicht mal, dass ich nicht nur das Pferdemusical, sondern auch Robert zurückgelassen hatte, denn es war nicht Roberts Entscheidung gewesen. Mir war alles zu viel gewesen nach fast fünf Jahren. Und Robert – ich wusste am Ende nicht mehr, was mich noch mit ihm verband. Nichts fühlte sich mehr richtig an.

Aber dann, als ich in meiner neuen Wohnung saß – eine eigene Wohnung, in einem Haus ohne Räder, für mich allein, ohne Crew vor der Tür und ohne Show-Vorbereitung –, fühlte sich das verdammt gut an. Ich stieg hoch wie der legendäre Phönix aus der Asche und nichts konnte mich runterziehen.

Leider hielt der Auftrieb nicht lange an. Ich hatte mich so gefreut, für mich allein zu leben, für nichts und niemanden täglich aufstehen zu müssen. Und plötzlich fiel es mir schwer, überhaupt aufzustehen.

Und dann traf ich *ihn*. Dunkelblonde, kurze Haare, selbstsicherer Gang, starke Schultern, um die sich das Shirt spannte, der kräftige Hals und die gebräunte Haut – mein Herz schlug schneller. Wenn er mich anlächelte, schoss mir die Hitze in die Wangen, sein Blick ging mir durch und durch, bis in die Magengrube. Das war genau das, was ich gebraucht hatte. Dass ein Mann wie er mich toll fand, riss mir den Boden unter den Füßen weg, auf der Stelle. Ab dem Moment konnte ich meine Augen und meine Finger nicht mehr von ihm lassen. Aber er konnte nicht lange bleiben. Ich hielt es jedoch nicht ohne ihn aus und setzte mich ins Flugzeug nach Las Vegas. Wozu hatte ich denn meine Freiheit, wenn ich sie nicht für eine solche Gelegenheit nutzte?

Das war vor vier Wochen gewesen und jetzt war ich wieder hier in Deutschland. Er hatte recht gehabt: Er hatte mich nicht gebeten, ihm hinterherzufliegen. Ich wollte mich einfach nur verkriechen und nie wieder ans Tageslicht kommen. Dummheit musste ja bestraft werden und das hatte ich in dem Fall gleich selbst erledigt. Nicht mal mehr eine Wohnung hatte ich jetzt und musste wie ein Teenager meine Eltern fragen, ob sie mich abholten.

Ich steckte mein Handy in die Handtasche und griff automatisch nach der Zigarettenschachtel – nur noch eine übrig. Die Frau mit dem Baby lief an mir vorbei. Es schlief. Das hätte ich jetzt auch gern getan. Das hätte ich im Flugzeug schon gern getan. Ich überlegte, was jetzt Priorität hatte: Zigaretten kaufen und rauchen, bevor ich mich ans Gepäckband stellte – dann warten, bis ich im Auto schlafen konnte.

Koffein und Nikotin ließen mich nicht im Stich. Nach einem Kaffee und einer Zigarette starrte ich durch die Glasfront in den

Nieselregen und beobachtete die Taxifahrer, die entweder Zeitung lasen oder sich über ihre Autos hinweg etwas zuriefen – ob sie sich nur unterhielten oder miteinander stritten, war nicht zu erkennen. Ich war jetzt zwar etwas wacher, aber meine Augen fühlten sich immer noch verquollen an.

Auf dem Gepäckband kreisten noch einige Taschen, aber der erste Ansturm hatte sich gelegt. Ich stellte mich ans Ende des Bands. Irgendwann fuhren die Gepäckstücke zum zweiten Mal an mir vorbei. Doch! Die Tasche hatte ich schon mal gesehen, den roten Koffer auch. Auf der Anzeigetafel stand mein Flug, aber meinen Koffer hatte ich wohl übersehen. Ich wartete. Dann lagen nur noch drei Gepäckstücke auf dem Band, dann zwei. Das Gute an depressiver Verstimmung gepaart mit unendlicher Müdigkeit ist: Man regt sich nicht auf. War halt so und nicht zu ändern.

Ich schleppte mich zum Schalter, zeigte das Ticket vor und beschrieb meinen Koffer. Mir fehlte ein fester Wohnsitz, den ich melden konnte, also gab ich die Adresse und Telefonnummer meines Vaters an. Vielleicht kamen meine Sachen ja später noch, zusammen mit meinem Selbstwertgefühl. Das war mir nämlich auch abhanden gekommen und steckte hoffentlich noch in meinem Koffer. Wenn ich es nicht schon vor dem Abflug zurückgelassen hatte. In dem Fall lag es mit viel Glück noch in Eves Keller in einer meiner Kisten. Obwohl ich mir nicht vorstellen konnte, dass es sich dort wohlfühlte. Eher war es wahrscheinlich beleidigt davonspaziert – soll sie sehen, wie sie ohne mich zurechtkommt.

Ohne Koffer, aber wieder mit Tränen in den Augen machte ich mich auf den Weg zur Toilette. Dank des langen Wartens am Gepäckband und der zu erledigenden Formalitäten hatte ich die zwei Stunden, bis mein Vater eintreffen würde, schon fast totgeschlagen. Ich wusch mir das Gesicht und blickte in den Spiegel. Mit einem aufgesetzten Lächeln sah ich vielleicht nicht ganz so schlimm aus. Meine Augenlider waren geschwollen und darunter waren deutlich dunkle Ringe zu erkennen. Das Licht war hier wirklich nicht nett. Auch egal.

Meinem Vater stand der Mund offen, als er mich sah.

»Mein Koffer ist nicht angekommen«, sagte ich zur Begrüßung.

Er hob die Arme, ich wandte mich schnell ab und öffnete die Beifahrertür. Hilflos ließ er sie wieder sinken.

»Veronika, was ist denn passiert? Ist es wegen des Koffers?«

Ich schwieg und setzte mich ins Auto.

»Hast du schon was gegessen? Wir können uns hier noch etwas holen«, versuchte er es weiter, während er ins Auto stieg.

Ich stöhnte und hielt den Blick aus dem Fenster gerichtet. »Ich will nur schlafen. Kannst du mich nach Hause bringen? Ich meine, zu dir?«

Aus dem Augenwinkel heraus sah ich, dass er sich mir zuwandte. »Musst du nicht in deine Wohnung? Du hast keine Sachen bei dir.«

Sein geduldiger Ton war nicht auszuhalten und ich hatte keine Lust, irgendetwas zu erklären. Mein Vater wartete trotzdem auf eine Antwort.

Ich seufzte und wühlte in meiner Handtasche nach einer Zigarette, fuhr das Fenster herunter und zündete sie an.

»Die Wohnung gibt's nicht mehr und mehr musst du dazu nicht wissen. Das Einzige, was ich im Moment brauche, ist Schlaf.«

»Steig aus und rauch draußen«, fuhr er mich an. Ich öffnete die Tür und trat die Zigarette auf dem Boden aus.

»Veronika, ganz ehrlich, ich höre monatelang nichts von dir, ich wusste nicht mal, dass du weg warst, und dann führst du dich so auf. Ich habe sehr wohl ein Recht zu erfahren, was los ist. Robert stand vor meiner Tür. Ich weiß, dass du ihn verlassen hast. Von ihm. Was meinst du, wie ich mich gefühlt habe? Derart ahnungslos ... Meine zwanzigjährige Tochter erzählt mir erst von ihrer Hochzeit mit ihrer Urlaubsliebe, als schon alles passiert ist, und dann, fünf Jahre später, erzählt sie mir nichts von ihrer Trennung. Was bin ich? Nur dein Chauffeur?«

Mein pädagogisch erfahrener, stets gutmütiger Vater schrie mich an und hatte Tränen in den Augen. Ich konnte ihm nichts entgegensetzen. Als er merkte, dass nichts kam von mir, legte er den Gang ein und fuhr los.

Ich verkroch mich sofort in das alte Zimmer meines Bruders, der die letzten Jahre bis zu seinem Schulabschluss bei meinem Vater gewohnt hatte. Obwohl ich mich völlig fertig fühlte, konnte ich nicht schlafen und starrte nur dumpf an die Decke. Irgendwann rief mein Vater, das Essen stehe auf dem Tisch.

»Du musst was essen«, sagte er und stellte einen Teller mit Kartoffelsuppe vor mich hin. Ich aß schweigend und konnte ihm nicht in die Augen sehen. Er fragte nichts. So ging es den ganzen Abend. Auch am nächsten Morgen brachte ich nichts heraus. Im Schrank fand ich noch ein T-Shirt und eine Jogginghose von Tobias. Die zog ich an und steckte meine Klamotten in die Waschmaschine. Dann setzte ich mich wieder aufs Bett und grübelte. Eins ging mir nicht aus dem Kopf: das Bild von Robert, der hilflos hier vor der Tür gestanden hatte. Mein Vater hatte ihn damals nach der Hochzeit schnell akzeptiert. Jeder mochte Robert.

Eigentlich hatte ich ja einen ziemlich toleranten Vater. Nachdem er den ersten Schrecken verdaut hatte.

Irgendwann nach der hundertsten Heulattacke fielen mir dann die Augen zu.

Ich erwachte in einem dunklen Zimmer, verwirrt und mit Kopfschmerzen. Kurz schwebte ich auf einer Wolke der Dumpfheit. Dann kam alles wieder: Scheißleben! Scheißkerl! Meine abgrundtiefe Dummheit. Am liebsten hätte ich meinen Körper abgestreift und wäre vor mir selbst weggelaufen.

Ein Bedürfnis meldete sich: Durst.

Ich sah auf die Uhr – es war später Abend. Als ich die Treppen hinunterschlich, war es still im Haus. Nur im Wohnzimmer brannte Licht. Ich ging in die Küche, öffnete den Schrank und griff nach einem Glas. Die Schranktür klemmte, als ich sie wieder schließen wollte. Mein Vater hatte sie immer noch nicht repariert. Das war doch schon ewig so bei dieser Tür, da war dieser kleine Widerstand, man musste die Tür beim Schließen fast ein bisschen anheben.

Ich kam nicht klar, ruckelte an der Tür, stellte das Glas ab und nahm die zweite Hand zur Hilfe. Mit ein bisschen Gewalt ging hoffentlich alles. So.

Ich erschrak, als es plötzlich laut klirrte. Auf den Küchenfliesen verteilt lagen tausend Scherben, ich musste das Glas mit dem Ellbogen runtergefegt haben. Mein Vater kam in die Küche, mit seiner Lesebrille auf der Nase und einem Buch in der Hand. »Veronika, ist alles okay bei dir?«

Plötzlich sah ich nichts mehr durch den Tränenschleier hindurch und biss mir auf die Lippen. Ich spürte seine Hand auf meinem Rücken und lehnte meine Stirn an seine Schulter. Sein Hemd unter meinem Gesicht ganz nass. Ich versuchte ein Schluchzen zu unterdrücken. Mein Vater hielt mich fest.

Eine Taschentuchpackung später saß ich auf der Couch und er hatte es sich auf seinem Lesesessel gegenüber bequem gemacht. Mit tiefen Atemzügen versuchte ich mich zu beruhigen.

»Du machst mir Angst, so hab ich dich noch nie gesehen, Veronika.«

»Ich mich auch nicht.«

»Was ist denn los? Ich weiß nicht mal, wo du bist, und dann tauchst du nach Monaten wieder auf ... Bist du wegen Robert aus der Show ausgestiegen?«

»Nein.« Er wartete ein paar Sekunden und seufzte dann. »Ich will dir doch nicht in irgendetwas reinreden. Ich will nur wissen, was los ist.«

Ich konnte ihn nicht ansehen. »Nie wieder setze ich für einen Mann alles auf eine Karte. Ich hab ihn erst vor ein paar Wochen kennengelernt. Nachdem ich aus dem Musical ausgestiegen bin … Nie wieder!«

»Du hast noch nie halbe Sachen gemacht.« Er seufzte wieder. »Weißt du noch, als du ausgezogen bist, um die zehnte Klasse an der Schule da oben zu machen …«

Ich nickte.

»Da war ich noch nicht so weit, dich gehen zu lassen. Du warst doch noch ein Kind. Aber ihr habt mich vor vollendete Tatsachen gestellt.« Er machte eine Pause. »Du reist ewig durch die USA, kommst aus Ghana mit einem Mann wieder … Du warst doch erst zwanzig.«

»Du und Mama, ihr habt doch auch so jung geheiratet.«

»Ja, aber …« Er schüttelte den Kopf und stützte die Ellbogen auf seine Knie.

»Warst du deswegen so wütend? Als ich ausgezogen bin, meine ich. Weil ich es nicht mit dir besprochen habe?«

»Ja, natürlich. Es ist kein schönes Gefühl, danebenzustehen, während das eigene Kind alles im Alleingang entscheidet. Mit seiner Mutter.«

So etwas hatte ich ihn noch nie sagen gehört. Eigentlich hatten wir einfach noch nie viel miteinander geredet.

»Wie soll es jetzt weitergehen bei dir?«, fragte er dann in die Stille hinein.

»Ich weiß es nicht.« Bei mir öffneten sich schon wieder die Schleusen. »Ich brauche noch ein paar Tage, Papa.«

»Die kannst du haben, ich hab Platz. Es ist okay, mal eine Zeitlang auf die Bremse zu treten.«

In diesem Moment wurde mir bewusst, dass ich keine Ahnung hatte, wie es weitergehen sollte. Weil ich zuletzt nur diesen Mann gesehen hatte. Wenn die Liebe da ist, dann würde sich schon alles andere regeln, hatte ich in meiner Naivität gedacht.

Ich konnte gar nicht aufhören zu weinen, wollte nur im Bett liegen. Irgendwie war doch alles egal. Da fiel mir wieder ein, was mein Vater gestern erzählt hatte ...

»Robert war wirklich hier bei dir?«

»Ja. Vor ein paar Wochen. Er war am Boden zerstört, hat geweint und gefragt, wo du bist.«

Mein Magen zog sich zusammen. »Ich schulde ihm wohl eine Erklärung, hm?«

Mein Vater nickte. »Dein Koffer ist übrigens wieder aufgetaucht. Die haben bei mir angerufen. Er hat einen Umweg genommen. So wie du. Wahrscheinlich wird er morgen hier angeliefert.«

Dann ging er in der Küche und fegte die Scherben auf.

Seelenverwandte

Ich wollte mich mit Robert aussprechen. Ich hatte mir tröstende Worte für ihn zurechtgelegt – es war nicht seine Schuld, er hatte nichts falsch gemacht, nur die Liebe war eben nicht mehr da. Er hatte doch selbst gemerkt, dass es zum Schluss nicht mehr gut zwischen uns lief.

Aber als ich dann vor ihm stand, sah er mich nur erschrocken an. Das lag wahrscheinlich daran, dass ich weinte, und er hatte mich nie weinen sehen. Dann weinte ich noch mehr, weil ich nicht mehr dieselbe war, die er kannte, und ich mich nicht mal vor ihm zusammenreißen konnte. Er nahm mich in den Arm und wartete, bis ich so weit war zu reden ...

Ich kann mich an vieles aus der darauffolgenden Zeit nicht mehr erinnern. Ich gab die Kontrolle ab und trat auf die Bremse. Ich war eine Weile einfach wieder ein Kind. Wenn ich frustriert mit Sachen um mich schmiss, sammelte mein Vater sie auf. Ich wusste nicht, was ich wollte. Ich versuchte nur verzweifelt, wieder glücklich zu sein. Niemand fragte mich, was ich machen wollte, alle ließen mich in Ruhe. Aber ich selbst fragte mich: Was kann ich denn tun, damit ich wieder glücklich bin? Was will ich denn? Ein paar Monate dachte ich, ich bräuchte einfach nur Zeit, aber je länger ich mir selbst diese Frage nicht beantworten konnte, desto wütender wurde ich.

Mein Therapeut stellte mir andere Fragen, die damit gar nichts zu tun hatten. Die Gespräche mit ihm und seine Notizen machten mich aber auch nicht wieder glücklich – ich ging nur viermal hin. Meine Eltern waren enttäuscht. Ich erklärte ihnen, meine Freunde hörten mir genauso gut zu, ich bräuchte keinen Therapeuten. Kurztrips zu Freunden oder zu meiner Schwester nach Erlangen halfen mir mehr, als mit einem Wildfremden über meine Gefühle zu reden. Das hatte ja nicht mal mit meinem Exmann geklappt.

Meine Schwester Helene war mittlerweile Tattoo-Künstlerin und Visagistin. Jedes Jahr auf dem Volksfest in Erlangen bot sie an ihrem eigenen Stand Facepainting an. Märkte machten mir Spaß und wir waren ein gutes Team.

Ich fand schließlich einen Job bei einem Haarkünstler. Hochsteckfrisuren waren kein Problem für eine ausgebildete Maskenbildnerin mit jahrelanger Erfahrung hinter den Kulissen eines Musicals – ich hatte ja nicht nur Pferde frisiert: ein paar schnelle Handgriffe, die die meisten Frauen erstaunten, weil sie selbst stundenlang mit ihren Haaren kämpfen konnten und hinterher genervt die Haarnadeln wieder herauszogen. Mit diesen voluminösen Hochsteckfrisuren verkaufte mein Chef seinen selbst designten Haarschmuck. Die Arbeit machte Spaß, lenkte mich ab, gab mir einen Grund, aufzustehen, ohne dass ich dauerhaft meine Freiheit aufgab.

Zwischen den Jobs hing ich weiter ahnungslos herum. Wenn ich die besorgte Miene meines Vaters nicht mehr ertragen konnte, suchte ich mir eine Mitfahrgelegenheit und fuhr wieder einmal zu Freunden und Bekannten. Eine davon war Gabriele Boiselle. Sie lebte in Speyer. Als ich bei ihr ankam, sagte sie: »Das gehört dazu. Manchmal liegt man einfach nur depressiv auf der Couch und möchte gar nichts machen. Das ist in Ordnung.«

Und schon brach ich wieder in Tränen aus und lag einfach nur depressiv auf ihrer Couch. Gleichzeitig fragte ich mich, wie diese Frau, diese bekannte Pferdefotografin und erfolgreiche

Unternehmerin mit ihrem riesigen Anwesen, von so etwas reden konnte, als wüsste sie Bescheid.

Wir redeten den ganzen Abend und die ganze Nacht. Weil sie einen Bungalow für Gäste hatte, schlug sie mir vor, ein paar Tage zu bleiben. Weil ich nicht mehr zurück in das Kinderzimmer meines Bruders wollte, blieb ich dann noch eine Woche länger.

Gabriele nahm mich mit auf eine Messe, damit ich mal wieder etwas anderes sah. Wir kamen nach drei Tagen zurück und ich saß dann auf einmal morgens mit Gabriele, ihrem Pferdemädchen und anderen Angestellten am Frühstückstisch, wo die wichtigsten Punkte des Tages besprochen wurden. Es war allerdings kein gemütliches Frühstück, es war ein Meeting. Die Frau war energisch. Sie war Unternehmerin und Managerin. Ich mochte ihren Hof mit den Pferden und wollte helfen. Es gab immer etwas zu erledigen und zu besorgen. Mit dem Rad fuhr ich ins nahegelegene Speyer und fühlte mich nicht mehr ganz so nutzlos.

So verging ein Jahr und dann das nächste. In meinem Bungalow auf Gabrieles Grundstück fing ich langsam wieder an zu malen. Ich malte nur für mich, für niemanden sonst. Es gab gute und schlechte Tage, Bilder, die mir gefielen, und Bilder, die nicht fertig wurden.

Manchmal stand ich sogar völlig gehemmt vor der weißen Leinwand. An solchen Tagen fragte ich mich, ob irgendwer jemals meine Bilder kaufen würde, und wenn nicht, was ich sonst tun könnte. Als Maskenbildnerin fand ich zwar immer mal wieder einen Job, aber zwischen den Messen und Märkten wollte ich meine Malerei vorantreiben. Mit diesen Hintergedanken ging dann aber gar nichts mehr. Für solche Tage, denen die Farbe fehlte, fand ich schließlich ein Geheimrezept: Jean. Die Begegnung mit ihr bei meinem Lieblingsinder mit dem günstigen Mittagstisch war purer Zufall. Ich hatte sie gefunden und sie mich. Seitdem konnte ich jederzeit an ihre Tür klopfen, wenn mir danach war. Dann kochte sie Tee, wir saßen auf ihrem Sofa und redeten.

Jean hatte mit 16 Jahren ihre Heimat verlassen und war ihrer Gesangskarriere wegen aus der Karibik nach Europa gekommen. Erst lebte sie in der Schweiz, später kam sie nach Deutschland. Sie war allein, sprach am Anfang kein Wort Deutsch und versuchte im Showbusiness Fuß zu fassen.

»Ich kann dir Geschichten erzählen«, sagte sie oft und lachte. Ich bekam ihre Geschichten nach und nach zu hören. Jede einzelne ließ mich fragen, wie diese Frau sich den Glauben an das Gute im Menschen bewahrt hatte. Oder war es ihre positive Einstellung, die sie die schlimmen Zeiten durchstehen ließ?

»Es ist immer eine Frage dessen, wie man die Dinge betrachtet«, war ihre Beschwörungsformel für mich. »Man kann verzweifeln und das Schicksal oder andere Menschen für sein Leben verantwortlich machen. Oder man kann nach innen schauen und tief in sich drin das Vertrauen finden, dass alles gut wird. Wenn du dir selbst vertraust, hast du alles, was du brauchst.«

Jean war großartig. Als Freundin und als Gospelsängerin.

Leichtes Gepäck

Ich hasste es zu jammern, das hatte ich in den letzten zwei Jahren viel zu oft getan. Statt anderen Menschen weiter die Ohren vollzujammern, behielt ich nun meine Gedanken lieber für mich und lenkte mich ab. Aber manchmal musste ich sie doch aussprechen.

Bei Jean ging das.

»Es entwickelt sich einfach nichts weiter bei mir.«

Ich fand, ich hatte schon lange genug Geduld mit mir gehabt. Sinnloses Warten konnte ich nicht ausstehen. Es ging mir langsam besser, also musste es doch irgendwie auch weitergehen. Ich wartete die ganze Zeit nur auf den richtigen Impuls, aber er kam nicht. Früher hatte ich mehr Ideen als Zeit gehabt. Mit Eve oder Ereka oder anderen Künstlern – da gab es ständig neue Projekte und der Tag hätte 48 Stunden haben müssen, um alle meine Ideen wenigstens ansatzweise zu verwirklichen. An Energie hatte es mir damals auch nie gefehlt. Das aber war lange her. Jetzt ging ich auf die Dreißig zu und hatte nicht mal eine eigene Wohnung.

»Ich suche mir erst mal wieder eine eigene Bleibe, das wäre vielleicht ein Anfang«, meinte ich deshalb eines Tages.

»Das kann sein. Und ich weiß, was das Richtige für dich wäre«, sagte Jean. »Du kommst mit mir nach Tobago!«

Jean hatte recht, dachte ich, als ich aus dem Reisebüro wieder auf die Straße trat, die Arme um meinen Körper schlang und das Kinn in meinem Schal vergrub. Die Aussicht auf die Karibik machte den Schneegraupel und die Kälte ab diesem Moment erträglicher. Eine Reise, auf die ich mich freuen konnte, war genau das Richtige für mich, und das kurz vor meinem dreißigsten Geburtstag. Den Flug hatte ich mir selbst vorzeitig zum Geschenk gemacht. Wenn ich dann groß feiern würde, nach vier Wochen in Tobago, wäre ich knackig braun. Abgesehen davon kam ich günstig dabei weg, denn Jean bestand darauf, mich im Gästezimmer ihrer Freunde unterzubringen.

Während ich für Tobago packte, war Jean schon vorausgeflogen. Sie hatte mich ermahnt, meinen Koffer nicht überflüssigerweise mit einer langen Hose oder einem Pulli zu füllen. Auch nicht zur Sicherheit – es gebe in Tobago keine Tage, an denen man so etwas brauche. Mein Gepäck bestand also aus Sommerkleidern und knappen Tops und ich freute mich schon darauf, vier Wochen lang nichts anderes mehr anzuziehen. Wenn man vom Winter in den Sommer fliegt, ist man auf den Temperaturschock eingestellt. Die Hitze auf dem kleinen Rollfeld des Flughafens traf mich trotzdem wie ein Hammerschlag. Die heiße Luft flimmerte über dem Beton. Die Sonne knallte vom Himmel und ich blinzelte ihr entgegen.

Das war genau mein Klima.

Nach elf Stunden Flug war ich aber noch nicht ganz am Ziel. Von Tobago aus sollte ich nach Trinidad fliegen, denn Karneval wurde nur in Port of Spain, der Hauptstadt von Trinidad und Tobago, groß gefeiert.

Bevor ich nach dem Ticketschalter suchen konnte, wurde ich von einer Frau mit Rastazöpfen am Ausgang abgefangen: Jeans Cousine drückte mir ein Flugticket in die Hand, ein Geschenk von Jean, wie sie sagte, und lotste mich an diesem winzigen Flughafen direkt die zwanzig Meter zum Check-in weiter.

Die Maschine hob ab, blieb ein paar Minuten auf Flughöhe und setzte dann schon wieder zum Landeanflug an. Es war der kürzeste Flug, den ich je erlebt hatte. Am Flughafen in Port of

Spain empfing mich schließlich die aufgedrehteste Jean, die ich je erlebt hatte. »Let's play mas!«, rief sie.

»Auf zur Parade.«

Der Karnevalsumzug war schon in vollem Gange. Jean hatte auch ein Begrüßungsgetränk für mich mitgebracht: Sorrel – rot, klebrig und widerlich süß. Ich verzog das Gesicht und Jean lachte.

Als wir uns in die Parade einreihten, zusammen mit ein paar Freunden Jeans, tötete ich den widerlich süßen Geschmack mit herbem Mojito ab. Der Alkohol stieg mir schnell in den Kopf und ich fühlte mich angenehm leicht und sorgenfrei.

Hier war ich in einer anderen Welt. Keine Winterjacke, kein Schal, nichts beschwerte meine blanken Schultern, mein Päckchen hatte ich zu Hause gelassen. Hier waren nur Jean und ich, unser Mojito, die Musik und Frauen, wie ich sie vom Karneval in Rio kannte: mit bunten, schrillen und fantasievollen Kostümen, knallige Farben auf brauner Haut, mit Glitzer- und Paillettenschmuck verzierte Oberteile und Höschen, Feder-Kopfschmuck und heiße Tänze.

Ich wippte mit den Hüften zur Soca-Musik und verstand die Texte der Songs nicht. Es ging wohl ums Party- und Liebemachen und das nahmen hier alle sehr ernst. Mehr oder weniger ohne Hemmungen. Ich sah Unterleiber, die sich aneinander rieben, und locker sitzende Hände. Jean und ich sprangen, hüpften und tanzten einfach nur hinter den Wagen her. Alle waren ausgelassen, als hätten sie sich das ganze Jahr über nur auf diese Tage gefreut, was sie wahrscheinlich auch taten. Die Energie der Massen zog uns mit, einen ganzen Tag lang und dann noch einen. So viel getanzt hatte ich lange nicht mehr. Ich dachte nicht an ein Morgen, das den Kater mit sich bringen würde, so sicher wie die Sonne auf weißen Schultern den Sonnenbrand.

Trotz des Katers fuhren Jean und ich dann am dritten Tag raus aus der Stadt. Still war es auch dort nicht, da waren so viele

Klänge oder eher ein einziger dichter Klangteppich. Ich lauschte in mich, während ich hinter der ebenfalls schweigenden Jean den Pfad des Naturschutzgebietes entlangspazierte.

Der Himmel über uns war blau und klar und langsam schienen sich einzelne Töne in der Geräuschkulisse herauszufiltern: ein bestimmter Vogelschrei, ein ganz anderes Zwitschern, Wasserplätschern und dieses Regenwaldsummen und -dröhnen, das ich nur aus dem Tropenhaus kannte, das ich vor Jahren einmal besucht hatte. Ich atmete tief ein, rang nach Sauerstoff in der feuchtwarmen, grün riechenden Luft, umringt von dichtem Gebüsch um hoch aufragende Bäume.

Die Mücken schwirrten überall, aber anscheinend besonders gern in meiner Nähe, und attackierten mich. Schneller, als ich gucken konnte, flirrte etwas kleines Blaues durch die Luft an mir vorbei.

Die Natur schien vor Leben zu sprühen. Nach einem Spaziergang und einer Rastpause auf einer Terrasse mit Ausblick auf Kolibris, die um eine Wasserquelle herumschwirrten, stellte ich fest, dass ich mich großartig fühlte.

Mein Anflug von Kater war gänzlich verschwunden.

TEIL 2

»Kein Wunsch wird Dir gegeben ohne die Kraft, ihn zu erfüllen.«

Maharishi Mahesh Yogi

Im Rhythmus der Sonne

Es piepte, aber ich verstand nicht, warum. Im Dunkeln angelte ich mit der Hand nach meinem kleinen Reisewecker und stöhnte, als ich die Uhrzeit auf dem leuchtenden Display sah: vier Uhr dreißig – an meinem ersten Morgen in Tobago.

Fünf Minuten später schaffte ich es, mich im Bett aufzurichten. Ich schlüpfte in Shorts und Top und schlich in die Küche. Mary saß dort vor einer Tasse Kaffee und einem Buch.

»Our home is your home«, hatten sie und ihr Mann Kalique mich gestern Abend begrüßt und mich umarmt, als würden sie mich schon lange kennen. Das indische Ehepaar in den Fünfzigern lebte in einem geräumigen Haus mit offener Küche. Es stand auf einer Anhöhe und durch die offene Balkontür ging ein angenehmer Luftzug. Drinnen war es tatsächlich ein paar Grad kühler als draußen. Sie zeigten mir mein eigenes Zimmer mit dem großen Bett. In dieser ersten Nacht hier hatte ich tief und fest geschlafen und war mir in diesem Moment noch nicht sicher, ob ich wirklich bei klarem Verstand war, so früh aufzustehen.

Aber jetzt sah ich Mary, die einen ganzen Tag Arbeit in ihrer Kantine vor sich hatte und seelenruhig mit ihrer Bibel am Tisch saß, während es bereits nach frischem Brot roch. Sechs Tage die Woche kochte sie in dem Imbiss. Für sie waren diese Minuten wahrscheinlich die Ruhe vor dem Sturm.

Eine Viertelstunde später ging ich die Treppe hinunter und vor zum Hoftor. Ein Hahn krähte und ein mir unbekannter anderer Vogel stieß immer wieder sein abgehacktes Rufen aus. Wahrscheinlich war das ein Cocrico, von dem mir Jean schon erzählt hatte. Das konnte wohl der Soundtrack meines Tagesanfangs werden.

Die Luft war warm. Nicht einmal nachts kühlte es hier wirklich herunter, aber so war es angenehm für das, was ich vorhatte. Schon hörte ich Schritte, die auf der Straße immer näherkamen. Im fahlen Licht der Straßenlaterne erkannte ich Jean. Mit einem »Guten Morgen, let's go« marschierte sie an mir vorbei. Ich setzte mich schnell in Bewegung, um sie einzuholen. Jean war kleiner als ich, aber ihr Schritt war energisch. Wir sprachen kaum und hörten nur das Geräusch unserer Sohlen auf dem Asphalt. Das schnelle Gehen auf der kurvigen, auf und ab führenden Strecke brachte mich nach wenigen Minuten ins Schwitzen. Die Straßen waren leer. Nur selten rauschte ein Auto an uns vorbei oder blendete uns beim Entgegenkommen mit den Scheinwerfern.

Zwei Jogger überholten uns, ein anderer kam uns auf dem Rückweg entgegen. Diese Stunde vor Sonnenaufgang hatte etwas ganz Besonderes an sich. Am Ende unseres Power-Walkings hatte sich die Sonne gerade hinter den Bergen hervorgeschoben und ich war durchgeschwitzt.

Ich gewöhnte mich schnell an diesen Tagesrhythmus. Nach dem Duschen frühstückte ich immer mit Kalique, der seine Frau bereits vor sechs Uhr jeden Morgen den kurzen Weg bis zu ihrer Kantine fuhr. Danach half ich Mary oft in der Kantine. Ich war ihre persönliche Handlangerin und sah ihr beim Kochen zu. Zum Ausruhen am Strand hatte ich noch genug Zeit am Nachmittag. Aufregung und Action fehlten mir nicht.

Ich wollte dann die Insel kennenlernen, und zwar ganz in Ruhe. Die große Insel-Rundtour hatten wir ohnehin gleich in der ersten Woche erledigt. Mit unserem gemieteten alten Geländewagen hielten wir an jedem Aussichtspunkt mit Blick über grüne Hügel und strahlend blaues karibisches Meer. Ich nahm das ganze Panorama Stück für Stück auf, von den Bäumen zu den Klippen über das endlose, sehnsuchtsblaue, einladende Wasser, die Klippen auf der anderen Seite und den sich in die Höhe erhebenden Urwald.

Jean hätte gar nicht übertreiben können mit ihrem Schwärmen. Das hier war mindestens das Paradies. Ich schloss die Augen ein paar Sekunden lang und wollte dieses Glück speichern.

Die Straße führte uns dann wieder hinunter zur nächsten türkisblauen Bucht. An der Englishman's Bay machten wir eine längere Pause. Das Auto parkten wir neben hohen Bambussträuchern. Unter riesigen Palmen lagen Kokosnüsse im Sand. Raue Felsen und sattes Grün rahmten die Bucht ein. Ich sprang ins Wasser, betrachtete beim Schwimmen diesen Traum von einer Bucht und ließ mich danach von der Sonne trocknen.

Oben in den Bergen endete die asphaltierte Straße. Auf dem Schotterweg fuhren wir weiter, bis wir das kleine Fischerdörfchen Charlotteville erreichten. Von dort, an der nördlichen Spitze Tobagos, war es nicht weit bis zur Atlantikküste auf der östlichen Seite, wo die Luft salzig schmeckte und die Wellen wild tobten. Tobago hatte mehr als nur eine Seite zu bieten.

Wenn ich nicht in der Kantine war, nahm Kalique mich mit auf seine Touren. Wir fuhren nach Scarborough, kauften auf dem Markt ein oder in einem der kleinen Shops in der Umgebung, die es überall an der Straße entlang gab. Größenmäßig lagen sie alle zwischen Mini-Kiosk und Tante-Emma-Laden und sie boten doch alles, was man für das tägliche Leben brauchte.

Kalique brachte mich auch zu den beliebten Stränden in Crown Point und dem am Pigeon Point, der wie gemacht war für jeden Karibik-Werbespot mit seinem ins Wasser ragenden Steg, den perfekten Palmen und dem weißen Sand.

Mein liebster Platz lag jedoch in Mount Irvine. Der feine lang gezogene Sandstrand war perfekt zum Schwimmen, ein paar

Bäume spendeten Schatten und wenn die Sonne unterging, zeichneten sich die scharfen Silhouetten der Felsen davor ab. Hier gab es keine laute Musik, dafür umso mehr Ruhe.

Jedes Mal, wenn ich dort lag und auf die Wellen starrte, kam der Kokosnuss-Mann gemütlich angeschlendert. Die Frucht in der Hand hatte er gerade aufgelesen. Für ein paar TT-Dollar schlug er sie mit einem Messer für mich auf. Das frische Kokoswasser schmeckte herrlich.

Eines Tages stand er vor mir mit einer braunen länglichen Frucht. »Coco?«, war seine knappe Frage. Als er das Fragezeichen in meinem Blick sah, ging er damit zur nächsten Palme und schlug das Ding an den Stamm. Er zeigte mir die halbierte Frucht und erklärte, man könne das weiße Fruchtfleisch um die Bohnen herum ablutschen. »Cocoa.«

Jetzt verstand ich es – Kakao. Das Innere um die Bohnen herum war matschig und schmeckte süß, überhaupt nicht nach Kakao. Während ich mir eine Bohne nach der anderen in den Mund steckte, ließ er sich mit seinen dünnen Beinen in den roten Shorts neben mir in den Sand fallen, blickte aufs Wasser und wartete, bevor er vorsichtig anfing zu fragen: »Woher kommst du?«, »Wie lange bleibst du hier?«, »Gefällt es dir in Tobago?«, »Warst du schon am Nylon Pool?«

Er war neugierig, aber auf eine unschuldige Art. Insgeheim hatte ich mich schon gefragt, ob er von ein paar verkauften Kokosnüssen am Tag leben konnte. Deshalb fragte auch ich ihn aus.

»Da hinten«, er deutete ans andere Ende des Strandes, »habe ich eine Hütte, selbst gebaut. Da liege ich jeden Abend am Strand unter freiem Himmel und schaue mir den Mond an.« Dann lud er mich ein, dorthin, wo er und seine Rasta-Freunde jeden Abend ihren selbst gefangenen Fisch und Hummer grillten. Ich könne mit ihm »limen«, abhängen und Spaß haben, meinte er.

»Die Sonne scheint, ich muss nicht viel arbeiten. Das Meer gibt mir alles, was ich brauche. Das ist mein Rasta-Leben.« Er breitete die Arme aus und grinste mich tiefenentspannt an.

Ich musste ihn einfach mögen, aber ich beschloss, abends besser auf Marys Balkon zu bleiben, als einem Wildfremden irgendwohin an einen dunklen Strand zu folgen. Später konnte ich sein Angebot immer noch annehmen.

Mit dem jungen Mann aus Marys Nachbarschaft war das etwas anderes. Sie kannte ihn und gab mir keinen Grund, ihm nicht zu vertrauen, als er vorschlug, mich durch die Gegend zu fahren. Kalique spielte schon oft genug den Chauffeur, also nahm ich die Einladung des Nachbarn gern an.

Ich hatte von Luise Kimme gehört, einer deutschen Bildhauerin, die jeden Sonntag ihr Atelier für Besucher öffnete. Die Skulpturen waren aus Eichenstämmen gefertigt und überlebensgroß. Schmale, anmutige, wie in der Bewegung erstarrte Männer und Frauen mit filigranen Gesichtern. Rote Lippen, stolz erhobene Köpfe und tief blickende Augen – so porträtierte sie die Tobagonians, die sie offensichtlich bewunderte. Neben ihren Skulpturen wirkte die kleine Frau nur halb so groß. Sie hatte kräftige Arme und abgearbeitete Hände und ich hätte mich gern mit ihr unterhalten. Ihre Kunst weckte in mir den Drang, sofort nach Pinsel und Farbe zu greifen. Ein deutsches Ehepaar nahm Luise Kimme aber gerade in Beschlag, als ich sie nach meinem ausgiebigen Rundgang ansprechen wollte. Sie schienen sich zu kennen und ich wollte meinen Begleiter nicht länger warten lassen, der sich nicht so sehr für Kunst begeisterte.

Während wir zurückfuhren, versuchte er mich in ein Gespräch zu verwickeln. Schweigen hätte mir genügt. Ich wollte in meinen Eindrücken schwelgen, aber er wollte wissen, ob wir den restlichen Tag am Strand verbringen könnten, mich auf einen Cocktail einladen oder ein Essen. Ich lehnte ab und bat ihn, mich nach Hause zu fahren. Denn da warteten meine Acrylfarben und Pastellkreiden auf mich.

Schon der Tag im Nature Center in Trinidad hatte mich inspiriert und meine Künstlerfinger jucken lassen. In Scarborough hatte ich einen Schreibwarenladen entdeckt, in dessen winzigem Sortiment ich tatsächlich das fand, was ich brauchte, das war ein Glücksfall.

»An einem anderen Tag vielleicht«, sagte ich deshalb.

Mein Fahrer hielt am Straßenrand und sah mich an. »Du bist die schönste Frau, die ich je gesehen habe«, sagte er und berührte meine Wange mit den Fingerspitzen. Ich nahm seine Hand sanft weg und wandte lächelnd den Kopf ab. »Eine so faszinierende Frau werde ich doch nicht ohne ein Date gehen lassen.« Er grinste zweideutig. War das noch flirten oder schon drohen? Er erwartete offensichtlich eine Gegenleistung für seinen Gefallen.

»Danke, aber ich möchte heute nichts mehr unternehmen und ich möchte kein Date.« Ich ließ das Lächeln weg und sah ihn bestimmt an.

Er schüttelte grinsend den Kopf, dann erstarb sein Lächeln und er setzte den Wagen wieder in Bewegung.

»So«, sagte Mary abends energisch und ich sah von meinem Buch auf. »Today we are socialising.« Zeit, Leute zu treffen. Machte sie sich Sorgen, dass ich mich hier langweilte?

»Du musst das nicht für mich tun«, wehrte ich ab und erklärte ihr, dass es mir hier auf dem Balkon sehr gut gehe. Die beiden taten schon so viel für mich. Für die Übernachtung wollten sie rein gar nichts haben, jeden Abend aßen wir zusammen und dann genoss ich meine Ruhe. Jean war auch nicht gerade ausgehwütig, sie saß abends mit ihrer Mutter zusammen, die nur zwei Straßen weiter wohnte. Mir war das recht, gerade heute.

Als der Nachbar endlich sein Auto vor dem Haus gehalten und gewartet hatte, bis ich ausstieg, hatte er mich nur noch aus den Augenwinkeln heraus angesehen. Seine Mundwinkel hingen nach unten. Was war aus seinem freundschaftlichen Angebot geworden? Ich hatte ihn nicht gebeten, mich zu fahren ...

Ohnehin wurde man als Frau, besonders als Touristin, unentwegt angehupt und angesprochen. Auf Pfiffe und Knutschgeräusche aus vorbeifahrenden Autos reagierte ich schon gar nicht mehr. Wenn ich an einer Ecke vorbeilief, wo wieder ein paar Typen abhingen, kamen sofort Fragen, die ich nicht immer verstand aufgrund des Slangs, aber das »Marry me«, das mir schon mehr als einmal angeboten wurde, war nicht misszuverstehen. Dann erklärte ich immer, dass ich leider viel zu beschäftigt sei, um mich mit ihnen zu unterhalten.

Eigentlich waren die Männer harmlos, die meisten akzeptierten ein Nein. Aber nach dem heutigen Tag lobte ich mir meine abendliche Ruhe auf dem Balkon. Offensichtlich war ich hier am sichersten vor zweideutigen Angeboten. Es könnte mir nicht besser gehen.

Mary wedelte meinen Einwand jedoch mit der Hand weg und scheuchte mich aus meinem Stuhl auf. »Du bist jung, du musst Leute treffen.«

Also gut. »Go with the flow«, wie der Rastamann am Strand sagte. Immer offen bleiben für alle Möglichkeiten. Das hieß ja nicht, dass ich mich auf irgendeinen Flirt einlassen musste. Ich gähnte und stand auf. Vielleicht war es die Hitze oder die Tatsache, dass es schon kurz nach sechs Uhr dunkel wurde, aber ich war schon wieder müde.

Die Bar war ein kleines, rot gestrichenes Haus mit einem Wellblechdach. Die Tür stand offen, aus einem Lautsprecher vor der Tür wummerte Musik. Der Innenraum war gefliest, zwei weiße Plastik-Stehtische waren neben dem Eingang platziert. Bis zum schmalen Tresen, hinter dem maximal zwei Personen Platz fanden, waren es nur zwei Meter. Abgesehen von der

Barkeeperin und zwei Männern, die vor dem Tresen standen, war die Bar leer.

Ich blieb in der Mitte des Raumes stehen und Mary ging zum Tresen. Einer der beiden Männer lehnte sich über den Tresen und unterhielt sich mit der Barkeeperin, der andere sah mich kurz an und lächelte schüchtern. Das »Hi« aus seinem Mund war über die Musik nicht hörbar. Ich deutete ein Winken an.

Mary drückte mir eine Flasche Carib-Bier in die Hand. »Kalique und ich waren früher oft hier. Aber jetzt sind wir alt.« Sie lachte. »Jetzt geh ich meistens um neun schlafen.«

Ich hatte wieder ein schlechtes Gewissen. »Du musst nicht mit mir hier sein.«

Sie winkte wieder ab. »Komm schon, du bist im Urlaub. Und du musst dich nicht verstecken. Aber pass auf! Die Männer haben eine Schwäche für weiße Frauen.«

Ach was.

Der junge Typ von der Bar lächelte mich wieder vorsichtig an. Er hatte kurze Dreadlocks, die ihm vom Kopf abstanden, volle Lippen und trug ein schwarzes Muskelshirt über seinem schlanken Oberkörper. Nicht zu verachten. Gucken war ja erlaubt. Was die Männer konnten, konnte ich auch. Als er sah, wie ich ihn betrachtete, zwinkerte er mir zu und wandte sich wieder seinem Kumpel zu.

Ein paar Männer kamen herein und plötzlich gab es ein großes »Hello!«. Ein Mann klopfte Mary auf die Schulter, lachte laut und ich verstand kaum ein Wort, das die beiden wechselten. Es ging so schnell. Redeten sie Englisch? Mary stellte mich als ihren Gast vor, dann unterhielten sich die beiden weiter.

Gelangweilt trank ich mein Bier und starrte aus dem Fenster, bis ich merkte, dass jemand neben mir stand. Ich wandte ihm den Blick zu. Es war nicht der Dreadlock-Typ, sondern sein Freund.

»Hallo, darf ich stören? Mein Freund da hinten interessiert sich für dich. Er bittet mich, dich zu fragen, ob du ihm deinen Namen verrätst.« Er lächelte verlegen.

»Warum kommt dein Freund nicht selbst zu mir?«

Er lachte. »Das hab ich ihn auch gefragt!« Seine weißen Zähne blitzten hinter seinen breitgezogenen Lippen auf und als er seinen Blick über die Schulter zu seinem Freund wandte, zeigten sich seine markanten Kieferknochen. »Ja, er hätte selbst fragen sollen. Ich werd ihn ein bisschen warten lassen.« Er hielt mir seine Bierflasche hin und wir prosteten uns zu. In meiner Flasche war nur noch ein Schluck. »Willst du noch eins?«, fragte er und stand schon am Tresen. Ich betrachtete ihn, während er mit seinem Freund redete. Er war kräftig gebaut, hatte runde Schultern, kurz geschorene Haare und schokoladenbraune Haut. Auf mich wirkte er etwas älter als sein Freund, aber ich konnte das Alter von jemandem sowieso noch nie gut einschätzen. Auf jeden Fall war er nicht älter als ich.

»Ich hab dich schon mal in der Kantine gesehen. Woher kennst du Mary?«, fragte er, als er mit zwei Bierflaschen vor mir stand.

»Ich wohne gerade in Marys Haus«, rief ich, als plötzlich die Musik lauter wurde.

Er drehte seinen Kopf zur Seite, damit ich näher an seinem Ohr sprechen konnte. »Möchtest du nach draußen gehen? Es ist zu laut hier.«

»Gehst du oft in die Kantine?«, fragte ich, als wir draußen standen. Er war mir noch nicht aufgefallen.

Er erzählte mir von seinem Job auf der Baustelle. Mehrmals in der Woche kam er mit seinen Kollegen zu Mary, um Lunch zu holen. Ich erklärte ihm, dass mein Job bei ihr eigentlich kein Job sei. Das sei alles freiwillig. Ich fand es bewundernswert, wie Mary herzlich und fast wie eine Mutter mit den Männern redete, aber das erzählte ich ihm nicht. In der Pause konnten sie ihr anvertrauen, was sie gerade beschäftigte. Und durch das Essen versorgte sie die Männer auf ihre Art mit Liebe. Roti, ein gefüllter Teigfladen, war ihre Spezialität und sie wusste von vielen genau, wie sie ihn am liebsten mochten. Ich hatte den Eindruck, die Männer kamen alle wegen des guten Essens zu Mary, und dafür respektierten sie sie.

Die Musik stoppte und ein neuer Song wurde aufgelegt. Den hatte ich seit dem Karneval schon hundertmal gehört und konnte fast mitsingen, wenn ich gewollt hätte. »Gibt es hier auch andere Musik als die Karnevalsmusik?« Heute traf der Soca- und Dancehall-Kram nicht meinen musikalischen Nerv.

»Auf jeden Fall. Ich kann das auch nicht mehr hören. Ich mag nur gute Musik.« Er gab mir seine Flasche in die Hand. »Wirst du hier warten? Ich hole etwas.«

Ich sah ihn fragend an.

»Ich spiel dir meine Lieblings-CD vor.« Er lächelte, hielt einen Finger hoch und ging. »One minute.«

Sein Lächeln war mir unglaublich sympathisch. Ich hatte noch kein Zwinkern und keinen zweideutig verzogenen Mundwinkel bei ihm gesehen.

Ein paar Sekunden später fuhr er mit einem dunkelblauen Nissan vor und parkte ein paar Meter entfernt auf der Straße. Ich ging zu ihm, er drehte die Musik auf und stieg aus. »Nicht mein eigenes Auto.« Grinsend stellte er sich neben die Autotür. »Das ist Beres Hammond. Er ist großartig.«

Er wippte leicht zu der Reggae-ähnlichen Musik.

Das war ja jetzt doch noch ein entspannender Abend. Es war dunkel, aber warm, das Bier war kalt, die Musik hier gefiel mir und mein Gesprächspartner blieb auf Abstand. Er machte mir keine Komplimente und sagte mir nicht, dass ich die schönste Frau der Welt sei.

Eigentlich stammte er aus Trinidad. Er erklärte mir, dass eingefleischte Trinidader sich ein Leben in Tobago nicht vorstellen könnten. Es gehe ihnen hier zu gemächlich zu. Andersrum wolle kein Tobagoer diese Ruhe gegen das hektische Port of Spain eintauschen.

»Was ist mit dir?«

»Ich kenne beides, weil mein Onkel hier lebt.« Er überlegte. »Mein Job und meine Familie sind aber in Port of Spain. Hier bin ich nur ein paar Monate.«

»Was ist eigentlich mit deinem Freund?«, fragte ich, als mir wieder einfiel, wie unsere Unterhaltung angefangen hatte.

»Als ich eben Bier geholt habe, hat er sich gerade intensiv mit einer anderen Frau unterhalten. Soll ich ihm Bescheid sagen, dass du ihn kennenlernen möchtest?«

»Auf keinen Fall!« Ich lachte. »Mir geht's gut.«

Er biss sich grinsend auf die Lippen.

Die CD endete und er sah mir in die Augen. In dem Moment hielt Kaliques Wagen vor der Tür. Pünktlich um zehn, wie verabredet, kam er, um Mary und mich abzuholen. »Ich glaube, ich muss gehen.«

»Es war schön, dich kennenzulernen, Veronika.« Er sprach meinen Namen amerikanisch aus. Da war es wieder, das Lächeln.

Ich sah ihn an und wusste nicht, was ich sagen sollte.

»Ich würde dich nach deiner Telefonnummer fragen, aber ich habe kein Handy«, sagte er, beugte sich vor und gab mir einen Kuss auf die Wange.

Das Spiel konnte ich mitspielen. »Ich habe hier auch kein Handy und selbst wenn, vielleicht würde ich dir meine Nummer gar nicht geben.«

»Ich würde dich fragen, was du am Wochenende machst, aber ich fahre ja Freitag nach der Arbeit mit der Fähre Richtung Trinidad.«

»Dann sehen wir uns vielleicht nächste Woche in der Kantine.«

Ich ging zum Auto.

Er lächelte entspannt und hob die Hand. »Wenn es so sein soll, sehen wir uns bestimmt.«

Ich stieg ins Auto hinter Marys Sitz. Sie drehte sich zu mir um.

»Wie heißt der junge Mann?«

»Lennon.«

Ich lächelte vor mich hin. Vielleicht würde ich ihn noch mal sehen. Die Hälfte meines Urlaubs war um.

Geheimnisvoll

Die Sunday School ist eines der bekanntesten Events in Tobago. Es ist nichts Religiöses und hat auch nichts mit Schule zu tun, sondern mit Essen, Steel-Pan-Musik und Die-ganze-Nacht-unter-freiem-Himmel-Tanzen.

Jeden Sonntagabend trafen sich die Einheimischen und Touristen in der Bucht von Buccoo, einem kleinen Ort an der Südwestküste der Insel. Dort wollte ich auch einmal hin. Mein Urlaub war in zwei Wochen vorbei, also hatte ich nur noch diesen oder nächsten Sonntag.

Jean war bei einer Familienfeier. Kalique fuhr mich hin. Dann stand ich also vor der Bühne und tanzte zu den melodischen Trommeln von Buccoos Steel-Pan-Orchester, während ich auf mein Date wartete. Am Pigeon Point hatte ich einen Inder kennengelernt und mich mit ihm verabredet, um hier nicht wie Frischfleisch als alleinstehende Touristin dazustehen.

Zehn Spieler schlugen auf die großen Stahltrommeln mit den vielen Einbuchtungen ein, die die hohen und tiefen Töne erzeugten, während ich zuschaute. Dabei tanzten sie fieberhaft, sodass ich nicht anders konnte, als mitzutanzen. Ich ließ meinen Blick umherschweifen, bis ich merkte, dass das vielleicht keine gute Idee war. Ich wollte nicht wie bestellt und nicht abgeholt aussehen.

»Hab ich dir nicht gesagt, wir sehen uns wieder?«, hörte ich plötzlich eine Stimme hinter mir.

Lennon grinste mich an, als ich mich umdrehte.

Mit wem wollte ich mich noch gleich hier treffen? Ich hatte es vergessen ...

Gut, ich hatte insgeheim gehofft, Lennon hier zu treffen. Das Date war nur ein Alibi, aber das musste Lennon ja nicht wissen.

Wir schlenderten gemeinsam an den drei Ständen vorbei – einer bot selbst gemachten Schmuck an, ein anderer geschnitzte und bemalte Calabash – eine runde oder längliche ausgehöhlte Frucht – und am dritten gab es Tobago Sweets.

Lennon gab mir ein Bier aus und schlug vor, dass wir uns irgendwo hinsetzen könnten.

»Wir könnten auch tanzen«, schlug ich vor, aber ich konnte die Antwort schon erahnen.

»Später vielleicht.« Er lachte. »Eigentlich tanze ich nicht so gern zu Partymusik.«

»Was machst du dann hier?« Ich wollte ihn provozieren.

Er sah mir lange in die Augen. »Ich dachte mir, ich erhöhe mal die Chancen, dass wir uns schnell wiedersehen.«

Der junge Inder, mit dem ich verabredet war, tauchte passenderweise auch nicht mehr auf.

Nach dem Abend überließen wir es nicht mehr dem Zufall, ob wir uns wiedersahen. Lennon schuftete von früh bis spät auf der Baustelle und kam fortan nach Feierabend in die Bar, um mich zu treffen, oder wir fuhren an den Strand. Ein paar Treffen, mehr waren es nicht. Ich genoss meinen Urlaub, genau wie vorher. Ein Treffen mit Lennon war allerdings die Kirsche auf meinem Riesen-Eisbecher Glückseligkeit.

Im Nichtstun hatte ich ja zwei Jahre Übung, aber hier fühlte sich Nichtstun ganz anders an. Zu Hause konnte ich ehrlich gesagt nie lange stillsitzen. Deswegen war ich ja auch so nervös. Deswegen wollte ich ja auch so sehr, dass ich mein Leben wieder in den Griff bekam. Deshalb arbeitete ich jeden Tag ganz angestrengt daran, wieder die Alte zu werden und wieder glücklich zu sein.

Das wurde mir jetzt klar, denn hier fiel dieser Druck von mir ab. Hier musste ich nichts dafür tun, mich gut zu fühlen. Hier ging's mir einfach gut. Von außen wie von innen heraus. Ich sah die Menschen, beobachtete die Männer in Marys Kantine und stellte fest, dass sie auf eine entspannte Art glücklich waren. Niemand hier war reich. Manche Hütten fielen fast in sich zusammen. Egal, die Sonne schien und man machte sich keinen Stress. Es war ja auch viel zu heiß für Stress. Das Meer und die Sonne waren immer da. Das ist Tobago.

Und da war dieses neue Gefühl in mir drin, das ich verspürte, wenn ich abends auf dem Balkon saß, tagsüber am Strand lag oder mit Lennon den Sonnenuntergang beobachtete.

Am Horizont lauerte indes schon das Wissen, dass ich das nicht ewig haben konnte.

Genauso wenig wie Lennon.

Wir hatten uns geküsst. Ganz vorsichtig nur, in der Öffentlichkeit hielt man sich hier zurück, und wir waren nie allein gewesen. Er wohnte in einem Mehrbettzimmer einer einfachen Handwerker-Unterkunft. Aber ich war mir nicht einmal sicher, ob er es darauf angelegt hätte, wenn die Chance da gewesen wäre.

Er war unergründlich ...

Ein Geschenk nach dem anderen

In letzter Minute packte ich mein Handtuch und meinen Bikini ein. Der Moment, als ich den Koffer schloss, hatte etwas Endgültiges an sich, als würde der Koffer sagen: »Das war's, die schönen Zeiten sind vorbei.«

Ich setzte mich aufs Bett. Eine Minute brauchte ich noch. Die vier Wochen hier fühlten sich an wie eine Ewigkeit, die an mir vorbeigerast war. Es hätte genauso gut nur eine Woche sein können.

Ich schloss die Augen und fühlte in mich hinein wie bei der Yoga-Stunde. Yoga unter freiem Himmel – das war herrlich. Der Gedanke machte mich sofort wieder ruhig und ausgeglichen. Dann öffnete ich die Augen und saß immer noch neben meinem Gepäck auf dem Bett. Aufstehen und den Koffer in die Hand nehmen fühlte sich verdammt schwer an. So kannte ich mich nicht. Das war doch nicht mein letzter Urlaub. Ich würde wieder reisen. Vielleicht auch wieder nach Tobago. Aber für jetzt – ich wuchtete meinen Koffer in Kaliques Auto – ging es zurück nach Deutschland.

»Bist du so weit?«, fragte Kalique auf dem Fahrersitz rechts von mir.

Ich nickte, er startete den Wagen und rollte die Straße entlang. Schäferhund Sally sah uns schwanzwedelnd hinter dem Tor nach.

»Ich will hier nicht weg«, platzte es auf einmal aus mir heraus.

»Sometimes you have to leave in order to come back«, gab Kalique einige Momente später zurück. Wer nicht weg ist, kann auch nicht zurückkehren.

Wir sammelten Jean ein, die schon mit ihrem Koffer vor dem Haus ihrer Mutter wartete. Ihr musste es jedes Mal so gehen wie mir jetzt.

Während der Fahrt zum Flughafen starrte ich aus dem Fenster. Die schmale, kurvige Straße wurde umrahmt von dichtem Grün und ab und zu blitzte das türkisblaue Wasser in der Ferne auf. Nur wenige Wolken schoben sich über den Himmel. In der Mittagshitze waren kaum Menschen zu sehen. Ich war kurz davor, Kalique einfach zu sagen, dass er anhalten solle. Nur um noch einen Tag mit ihm zu haben – Lennon. Ich dachte an sein Gesicht, als wir bei Sonnenuntergang am Strand saßen. Seine braune Haut leuchtete golden, er kniff die Augen zusammen gegen die Sonne, sah abwechselnd zum Horizont und zu mir. Zum Abschied hatte er mir einen Zettel mit einer Telefonnummer gegeben. Wenn ich ihm auf dem Handy seines Kollegen eine Nachricht hinterließe, würde er mich zurückrufen.

Ich seufzte wieder und hörte Jean hinter mir im Auto lachen. »Du bist verliebt – in Tobago!« Als ich mich zu ihr umdrehte, zwinkerte sie mir zu.

Am Flughafen umarmte ich Kalique zum Abschied und dankte ihm zum hundertsten Mal für alles. »Wenn du wiederkommen willst, bist du immer herzlich bei uns willkommen«, sagte er.

Dann schnappte ich mir meinen Koffer und meine dicke Handtasche, in die ich eine Strickjacke und feste Schuhe gestopft hatte. Ich schwitzte in meinem Trägertop und klemmte mir die Winterjacke unter den Arm. Es fühlte sich absurd an.

Nach dem Check-in gingen Jean und ich die Treppe hoch zum Securitycheck, während sich alles in mir mit jedem Schritt dagegen sträubte. Mein Optimismus hatte sich verabschiedet. Gegen das erstickende Gefühl beim Gedanken an zu Hause kam ich jetzt nicht mehr an. Wer verließ schon gern das Paradies?

Ich war froh, dass Jean bei mir war. Wir setzten uns in die orangefarbenen Plastikstühle in der kleinen Wartehalle. Ich hatte meine Handtasche auf dem Schoß, machte den Reißverschluss auf und griff hinein. Der Zettel von Lennon war noch da.

Die Stuhlreihen füllten sich, während wir schwiegen. Wenn die Uhr doch nur schneller laufen würde, damit wir bald im Flugzeug saßen. Gleichzeitig wünschte ich mir, der Abflug wäre irgendwie aufzuhalten.

»Hey, dein dreißigster Geburtstag. Nur noch zwei Wochen. Hast du dir schon über die Party Gedanken gemacht?«, fragte Jean irgendwann.

Schon vor Wochen hatte ich zig Einladungskarten rausgeschickt, an Freunde überall in Deutschland. »Es wird eine Tobago-Party!« Ich malte mir aus, wie ich das Wohnzimmer mit Hunderten Urlaubsfotos und großen Papierblüten verwandeln würde. »Ich werde für das Essen sorgen«, beschloss Jean. Sie war eine tolle Köchin und die Aussicht auf ein karibisches Essen zu Hause hob meine Laune schon wieder ein klein wenig. »Dreißig«, sagte Jean nachdenklich, »als ich noch dreißig war, da war ich ein heißer Feger.«

»Das bist du doch immer noch.« Wir lachten beide. Jean wurde mit ihren fast fünfzig Jahren immer viel jünger eingeschätzt.

Das Warten zog sich in die Länge. Ich wartete nicht gern. Ich war ungeduldig. Wenn nichts passierte und ich nichts tun konnte, war das Zeitverschwendung. In den letzten vier Wochen war das anders gewesen. Aber jetzt war der Urlaub vorbei. Dann sollte es auch endlich losgehen. Ich wippte mit den Füßen und war nicht die Einzige, die in der vollen Wartehalle unruhig wurde. Durch die Glasfront hatte man Blick auf das Rollfeld. Der Start war für 15.30 Uhr geplant, das war in einer halben Stunde und die Maschine war noch nicht mal in Crown Point angekommen. Eine Mitarbeiterin erzählte etwas von Verspätung auf unbestimmte Zeit.

Draußen schien die Sonne, die heiße Luft flimmerte auf dem kleinen Rollfeld und ich bekam von der Klimaanlage Gänsehaut auf meinen sonnengebräunten Armen.

Wenn ich jetzt einfach rausrannte, Lennon suchen und mich mit ihm an den Strand legen würde ... Ich tagträumte, während ich in meinen Flipflops auf und ab lief. Da war einiges, an das ich denken konnte: seine West-Indies-Augen und die Art, wie er mich ansah und lächelte. Damit sagte er mir, dass er gern mit mir zusammen war. Und ich war gern mit ihm zusammen. Ich *war* ... konnte es aber ab heute nicht mehr sein ... frustrierend.

Später setzte ich mich doch wieder hin, statt aus der Halle zu stürmen. Der Plastikstuhl wurde aber leider auch nicht bequemer und ich rutschte immer tiefer in meinen Sitz.

Dann rief die Mitarbeiterin beim Boarding plötzlich etwas. »... flight cancelled for today ...« Die Maschine stand wohl mit einem Getriebeschaden in Barbados. Der Flug nach Frankfurt wurde auf den nächsten Tag verschoben. Alle fluchten und grummelten, mein Herz lachte. Jean sah mich an und grinste breit. Ich glaubte schon immer an Zeichen ...

Seelenruhig reihte ich mich in die Warteschlange am Flughafenschalter ein, wo jeder Passagier mit einem Hotelzimmer versorgt wurde. Nur Jean nahm sich ein Taxi und fuhr zurück zu ihrer Mutter. Ich ließ mir jedoch das Angebot nicht entgehen, eine Nacht auf Kosten der Airline im Hotel zu verbringen. Ich durfte sogar ein Hotel auswählen. Und ich wusste auch, mit wem und wo ich den Abend verbringen wollte. Es gab ein Hotel in Mt. Irvine, in der Nähe von Buccoo, und es war Sonntag. Das hieß für mich: ein letztes Mal Sunday School.

Ich bekam das Grinsen gar nicht mehr aus dem Gesicht und die Mitarbeiterin am Schalter freute sich mit mir, auch wenn sie nicht wusste, warum.

Es war gerade dunkel geworden, als ich mit einigen anderen Passagieren an meinem Hotel aus dem Bus ausstieg – eines der wenigen nobleren Hotels in Tobago. An der Rezeption bekam ich einen Schlüssel für mein Zimmer überreicht: eine Luxussuite. Ich wurde heute reich beschenkt. Tobago wollte mich wohl gebührend verabschieden.

Das Zimmer war hell und geräumig, auf dem kleinen Tisch stand eine Obstschale, in der Ecke stand eine Kommode mit Spiegel und das große Bett sah sehr bequem aus. Ich ging auf den Balkon und blickte auf die von Scheinwerfern erhellte Golferwiese. Wenn ich den Abend mit Lennon verbringen wollte, musste er erst mal erfahren, dass ich noch hier war. Ich könnte darauf spekulieren, dass er sowieso vorhätte, zur Sunday School zu gehen. Andererseits musste er ja morgen wieder früh aufstehen. Vertrauen war gut, aber in diesem Fall war ein bisschen Nachhelfen erlaubt. Von meinem Zimmertelefon aus hinterließ ich eine Nachricht auf der Handy-Mailbox. Wenn es sein sollte, würde sein Kollege ihm die Nachricht weitergeben, wo er mich finden konnte. Dann zog ich mir mein neues rotes Kleid an, das ich mir vor zwei Tagen in einem kleinen Laden in Buccoo gekauft hatte. Als ich mit der Haarbürste vor dem Spiegel stand, knurrte mein Magen. Dieser Abend musste mit einem Abendessen im Hotelrestaurant gefeiert werden.

Irgendwann stand Lennon dann in der Flügeltür zur Lobby und sah sich im Restaurant um, bis sein Blick mich fand. Ich spürte ein leichtes Kribbeln im Bauch.

»Sorry«, sagte er, »ich bin sofort los, als ich die Nachricht bekommen habe. Was willst du machen? Sunday School?«

Wir waren uns einig und spazierten los. Lennon nahm meine Hand. Die Steel-Pan-Band heizte die Stimmung gerade an, als wir ankamen. Die zehn Trommler waren nur ein Bruchteil von Buccoos Steel-Pan-Orchester. Insgesamt waren es bestimmt fünfzig

Spieler, ich hatte sie einmal bei ihrer Probe im Hinterhof gesehen, die immer für Zuschauer zugänglich war.

Die Leute um uns herum tanzten, lachten, redeten. Der Beat der Blechtrommeln erfüllte die Luft und ich war sofort wie im Rausch – meinem Glücksrausch. Dieser Abend war in diesem Moment perfekt. Nichts sollte anders sein. Ich war hier, Lennon war hier, Tobago verabschiedete mich mit diesem warmen Abend und dem Mond am klaren Himmel. Ich lachte und nahm Lennon an der Hand. Er fiel in mein Lachen und in den Rhythmus ein.

In einer Atempause holte Lennon Bier für uns. Wir setzten uns auf die Sitzpolster unter dem Palmwedeldach.

»Hast du Spaß?«, fragte er.

»Es ist traumhaft«, antwortete ich und strahlte ihn an. Er lächelte breit, nahm meine Hand und sah mich an. Dann öffnete er den Mund und hielt inne. Ich wartete und sah in seine braunen Augen. »Es wäre schön, wenn du wiederkämst«, sagte er einige Augenblicke später.

»Das wäre schön, ja«, antwortete ich leise.

Damit war alles gesagt.

Mir fehlten die Worte. Ich sah in den Himmel mit den tausend Sternen. Der Himmel schien hier viel größer, tiefer und weiter als irgendwo sonst. Und mir wurde bewusst, dass ich noch nie so glücklich gewesen war wie in diesen Wochen. Ein anderes »glücklich« als »Juhu, ich bin verliebt«, ein »glücklich« im Sinne von … »Ich hab mich noch nie so … rundweg zufrieden gefühlt«. Eine tiefe Zufriedenheit – konnte ich die auch woanders empfinden oder nur hier?

In diesem Moment war ich vollkommen zufrieden, einfach nur hier neben Lennon zu sitzen. Ewig hätten wir bleiben können. Unsere Blicke trafen sich immer wieder. Er wirkte nervös.

Nachdem ich mein Bier ausgetrunken hatte, fragte er, ob wir zum Strand gehen sollten. Wir liefen vorbei an den Fischerbooten, die an Land gezogen waren. Ich zog meine Sandalen aus und ließ meine Füße von den seichten Wellen umspülen. Zwischen der Wasserkante und den Bäumen war der Sandstreifen nur etwa drei Meter breit. Die schmale Mondsichel spendete wenig Licht, während wir langsam einen Fuß vor den anderen setzten.

Lennon nahm meine Hand. Er zeigte auf die Bäume – »Mancinelle-Trees«, eine giftige Baumart, die man besser nicht berühren solle. Dann erzählte er von Schildkrötenbabys. In ein paar Wochen könne man mit etwas Glück beobachten, wie sie nachts am Strand aus den Eiern schlüpften und ihren Weg ins Wasser suchten. Das wolle er gern einmal sehen. Wenn ich im Sommer wiederkäme, könnten wir das zusammen tun.

»Vielleicht.« Ich sah ihn an und lächelte.

Plötzlich zog Lennon seine Hand aus der Hosentasche und legte mir etwas in die rechte Hand. »Den hab ich heute gefunden«, sagte er und lachte leise.

Der Stein fühlte sich glatt und warm an. Er sah aus wie ein Herz.

»Danke.« Mein Herz klopfte laut und wurde nur von der Musik übertönt.

Als ich am Morgen erwachte, lag Lennon neben mir. Ich betrachtete ihn. Weiße Bettwäsche, dunkelbraune Haut, seine Augen waren geschlossen, seine Brust hob und senkte sich regelmäßig. Ich atmete tief ein und spürte in mich hinein – tief in meinem Bauch testeten frisch geschlüpfte Schmetterlinge gerade ihre Flügel. Gern hätte ich seine glatte Haut mit meinen Fingerspitzen berührt, um die Narbe an seiner linken Schulter nachzufahren. Viel geschlafen hatten wir nicht. In dieser Nacht redeten wir viel – nicht nur, aber doch wirklich viel. Es klingt wie ein klischeehafter Spruch, aber es ging zwischen uns nicht um Sex. Das war zweitrangig, nebensächlich, zumindest bis zu dem Moment, in dem es zur Hauptsache wurde.

In den wachen Stunden, die wir miteinander verbrachten, bevor wir dann irgendwann einschliefen, lernte ich ihn noch besser kennen. Lennon war in Port of Spain bei seiner Großmutter aufgewachsen. Seine Mutter war 16, als sie ihn bekam. Alle in seiner Familie mussten hart arbeiten, um sich über Wasser zu halten, daher hatte auch er früh mit angepackt.

Lennon war mit seinem Leben und seinem Job zufrieden. Ich bewunderte das – er hatte nie Geld gehabt, Trinidad und Tobago zu verlassen, aber er war zufrieden. Sein Leben hatte sich schon immer hier abgespielt, abgesehen von ein paar Jobs in Port of Spain. Mit 17 wurde er von einem Lastwagen angefahren und schwer verletzt. Ein ganzes Jahr lang lag er im Krankenhaus.

Dieser Mann ackerte täglich auf der Baustelle, er hatte muskulöse Arme und Beine, wirkte kerngesund und kräftig. Er musste einen extrem starken Willen haben. Er erklärte mir, dass er aus dem Unfall Kraft gezogen habe. Ich verstand jetzt, warum er so viel reifer wirkte als andere 23-Jährige. Aber gleichzeitig war er doch so unschuldig. Er hatte mich so berührt, als wäre ich zerbrechlich, und mir immer wieder in die Augen gesehen, als könnte ich jeden Augenblick meine Meinung ändern. Lennon hätte an diesem letzten Abend die Zurückhaltung über Bord werfen können, wo doch am nächsten Tag schon tausend Kilometer zwischen uns liegen würden. Aber er war aufrichtig und echt, so wie er hier neben mir lag mit seiner glatten Haut und der Narbe an seiner linken Schulter.

In dem Moment, als ich gerade die Hand auf seinen Arm legen wollte, schlug er die Augen auf. Er hob den Kopf, küsste mich sanft auf den Mund, dann sah er mich forschend an.

»Du hättest um sechs auf der Baustelle sein müssen«, sagte ich und grinste. Er sah auf die Uhr.

»I skip work«, sagte er trocken, als wäre es das gute Recht eines Arbeiters, auch mal einen Arbeitstag auszulassen.

»Machst du das öfter?«, neckte ich ihn, weil ich wusste, wie ernst er seinen Job nahm.

»Nein, normalerweise nicht ... nie.«

Lennon blieb, bis der Bus kam, der mich zum Flughafen brachte. Nachdem ich in den Bus gestiegen war, machte er einen leicht geknickten Eindruck. Der Bus fuhr los, unerbittlich in Richtung Crown Point auf den Flughafen zu. Etwas zog sich in meinem Bauch zusammen. Ich saß still auf meinem Sitz, während ich eigentlich sofort wieder aussteigen wollte. Was hält mich denn in Deutschland? Die Frage schoss mir durch den Kopf und meine Gedanken begannen zu rasen. Hier ist dein Platz, fühlte mein Herz ganz deutlich, als ich die Augen schloss. Mein Herz sagte oft das Richtige. Oder war das hier wie mit dem Amerikaner, für den ich alles aufgegeben hatte?

Ich sah schon die besorgte Miene meines Vaters vor mir, wenn ich ihm von meinem Urlaub erzählen würde. Sein Blick würde mich anflehen, gut auf mich aufzupassen und lieber nachzudenken, als vorschnell zu handeln. Ich hörte schon in seinem Seufzen die Erinnerung an die vielen Male, als er verrückt vor Sorge um mich war. Dabei war es gar nicht nötig, dass er mich ermahnte, denn mein Pflichtbewusstsein meldete sich bereits, obwohl ich noch nicht mal in Deutschland war. Es hatte mich wohl vermisst. Das konnte ich andersherum nicht behaupten.

Der Motor brummte. Ich atmete tief ein. Kalique hatte recht, ich könnte wiederkommen. Aber heute flog ich zurück nach Hause, das war unausweichlich. Trotzdem hatte ich ein seliges Lächeln auf den Lippen und ich unternahm nichts dagegen, auch wenn es mich bestimmt wie eine dumm-verliebte Karibik-Touristin aussehen ließ. Das Grübeln schob ich in die hinterste Ecke meines Hirns wie einen Stapel ungeliebten Papierkram, den man in die Schublade verbannte in dem Wunsch, ihn zu vergessen.

Jean sah das Grinsen, als wir uns in der Wartehalle am Flughafen wiedertrafen. Sie schwieg wie eine Dame.

Leuchtreklame im Kopf

Als ich zu Hause in meiner WG in Speyer ankam, hatte ich ein Déjà-vu. Alles war ruhig, keine Spur von meinen zwei Mitbewohnerinnen in dem kleinen Stadthaus. Ich wollte nach dem Zettel suchen, der mir erklärte, wo sie waren, doch dann waren die zwei Sekunden Déjà-vu auch schon vorbei und mir fiel wieder ein, dass sie beide angekündigt hatten, zum April auszuziehen, weil sie ein Studium in Köln anfingen.

Ich sah mich um in dem großen Wohnzimmer und der Küche, die ich jetzt für mich allein hatte, und beschloss, dass hier für mich die gewisse Karibiknote fehlte, damit ich mich wohlfühlte. Wenn ich schon vorübergehend so viel Platz hatte, wollte ich den ganz für mich nutzen. Allein konnte ich mir das Haus nicht länger als einen Monat leisten.

Als ich meinen Koffer öffnete, kamen mir als Erstes die Calabash-Masken entgegen. Die honigmelonengroßen ausgehöhlten und verzierten Früchte hatte ich von einem Künstler bei der Sunday School gekauft. Die fertigen Masken hängte ich an Nägel im Wohnzimmer auf, die anderen wollte ich selbst verzieren.

Als ich die Klamotten aus dem Koffer holte, rieselte der Sand überall heraus. Ich drehte die Heizung im ausgekühlten Wohnzimmer auf und nahm mir einen Rock aus dem Koffer. Es fühlte sich nach vier Wochen Karibik plötzlich unangenehm an, die Beine in einer langen Hose zu verstecken, meine Haut brauchte Freiheit zum Atmen.

An meinem dreißigsten Geburtstag zwei Wochen später hatte ich die Terrasse mit bunten Lichterketten und das Wohnzimmer mit Dutzenden großformatigen Urlaubsfotos dekoriert. Von den Wänden strahlten mir das karibische Wasser, die Palmen am Strand, die riesigen Baumkronen, durch die die Sonne glitzerte, und leuchtende Hibiskusblüten entgegen. Aus Muscheln und anderen kleinen Fundstücken vom Strand bastelte ich mir einen Traumfänger – wie damals in Kalifornien. Am liebsten hätte ich die CD von Lennon aufgelegt, aber die konnte ich trotz Internet nicht erwerben, stattdessen gab es Soca-Musik und die war hier plötzlich wieder ganz okay und brachte mich in die richtige Laune. Alles erinnerte mich an das neuartige Gefühl in mir.

Von einem Foto lächelte mir Lennon entgegen. Es war ein Schnappschuss. Lennon hatte neben mir am Strand gesessen mit den Armen auf seinen Knien und dem Blick nach unten. Ich hatte mich nur leicht zurückgebeugt, um das Foto zu machen, und genau in dem Moment, als ich abdrückte, hatte er in die Kamera gelinst. Er grinste zaghaft, nur mit einem Mundwinkel. Jedes Mal, wenn ich davorstand, ließ mich dieses Foto nicht mehr los und ich musste unwillkürlich lächeln.

Das entging auch meinem Vater nicht, der an diesem Tag zu mir nach Speyer kam, genauso wie alle anderen Menschen, die mir wichtig waren. Er grinste und hob die Augenbrauen, als er mich mit meinem seligen Lächeln ertappte, und wollte gerade zu einer Frage ansetzen. Doch da klingelte es an der Tür. »Wir reden später«, vertröstete ich ihn mit einer schnellen Umarmung.

Mir war an diesem Tag nach Umarmungen und ich hatte viele Gelegenheiten dazu. Den ganzen Nachmittag und Abend klingelte es an der Tür. Ich hatte alle schon vor Wochen eingeladen, schon vor Tobago, denn es gab neben der wichtigen Zahl Dreißig noch etwas zu feiern: die vielen kleinen Schritte, die ich aus meinem Loch heraus wieder an die Oberfläche gemacht hatte.

So viele Menschen hatten ihren kleinen Beitrag dazu geleistet. Das musste ich sie wissen lassen, also drehte ich die Musik herunter.

»Danke, dass ihr alle hergekommen seid. Ich bin wirklich dankbar … für euch alle!«, sagte ich und hielt meinen Mojito hoch. Ja, ich war ein bisschen rührselig an diesem Tag: »Danke, dass ihr in meinem Leben seid!«

Ich war dankbar dafür, herausgefunden zu haben, dass alle meine Freunde wirkliche Freunde waren, die sich mehr oder weniger oft meine Probleme anhören mussten. Ereka war da mit einem Tanzkollegen, Robert und seine Freundin – es war schön, ihn glücklich zu sehen; und auch wenn wir den Scheidungstermin schon hinter uns gebracht hatten, telefonierten wir doch noch ab und zu. Ein paar Kollegen aus der Musicalzeit. Jean, die nicht nur kochte, sondern mich und vielleicht auch andere mit Leonard Cohens *Hallelujah* und ihrer warmen, kraftvollen Stimme zu nassen Augen und einer schniefenden Nase brachte. Gabriele, natürlich, und Eve, die zwei Jungs mitgebracht hatte, ein schwules Paar, mit denen wir früher oft ganze Nächte durchgemacht hatten. Ein befreundetes Pärchen, das ich damals in Encinitas in Kalifornien kennengelernt hatte – sie lebten mittlerweile mit ihren zwei Kindern in Hamburg. Meine Kollegin aus dem Künstlerbedarfsladen in Köln. Meine Brieffreundin, der ich seit meiner Jugend schrieb. Meine Freundin aus der Grundschule, deren Eltern noch immer auf dem Ferienhof arbeiteten, auf dem ich meine ersten Pflegeponys hatte. Runa, eine Schmuck-Künstlerin. Und nicht zu vergessen meine Familie: Tobias studierte gerade Ingenieurswissenschaften in Erlangen, meine ziemlich schwangere Schwester Helene kam mit ihrem Mann. Wir spekulierten, ob das Kind noch bis nach der Bergkirchweih im Bauch bleiben würde und ob sie hochschwanger überhaupt noch in der Lage wäre, den Markt mitzumachen. Helene sah das ganz entspannt – das waren doch noch fast vier Wochen bis zum Geburtstermin.

Ihr Mann gab sich ebenfalls entspannt, aber als ich die Panik in seinen Augen aufleuchten sah, kaufte ich ihm das nicht mehr ab. Meine Mutter sah es auch.

»Ja, mach dich darauf gefasst, da kommt wirklich ein Kind raus!«, zog sie ihn auf. Er wurde rot und wir lachten.

»Ja, sehr witzig«, verteidigte er sich und schlug meiner Mutter vor, uns jeden Tag auf das Volksfest zu begleiten, um im Notfall das Kind vor Ort auf die Welt holen zu können.

Kurz nach Mitternacht zog ich mich auf die Terrasse zurück, als plötzlich mein Handy klingelte. Diese lange Telefonnummer erkannte ich – es war das Handy, das Lennon immer benutzte.

»Happy ...ay!« Seine Stimme war abgehackt, ich mutmaßte, dass das seine Gratulation zu meinem Geburtstag war. »Wie geht's dir?«, fragte er ... vermutlich.

»Gut«, antwortete ich und erzählte ihm kurz von der Party.

»Ich ... kaum ...«

»Lennon?« Es klickte in der Leitung, dann war nur Rauschen zu hören. Ich stand auf der Terrasse und ließ mein Telefon sinken. Die Verbindung war gestern schon so schlecht gewesen. Hoffentlich legte sich das in den nächsten Tagen. Seit meiner Rückkehr hatten wir einmal miteinander gesprochen. Schon der zweite Versuch klang so wie dieser hier.

»Lennon?«, fragte mein Vater, der in diesem Moment auf die Terrasse herauskam. »Der junge Mann auf dem Foto?«

Ich nickte.

Er lachte. »Man könnte denken, je exotischer die Männer, desto interessanter für dich.«

»Es ist nicht so, wie du denkst.« Das kam etwas aggressiver aus mir heraus, als ich beabsichtigt hatte.

»Was denke ich denn?«

»Du denkst: Oh nein, sie ist drauf und dran, schon wieder alles für einen Mann aufzugeben. Aber ich bin nicht schwachsinnig.«

Meine gute Laune war plötzlich verflogen.

Mein Vater sog scharf die Luft ein und schüttelte den Kopf. »Was hab ich denn nur falsch gemacht, dass du immer das Schlechteste von mir denkst?«

»Nein, du hast ja recht. Es wäre schwachsinnig.«

»Erstens würde ich keines meiner Kinder je als schwachsinnig bezeichnen.« Er stellte sein Bierglas auf den Tisch. Das Bier schwappte ein wenig über. »Und zweitens: Müssen wir an deinem Geburtstag streiten?«

Ich sah ihn entschuldigend an. »Es tut mir leid.«

»Also noch mal von vorn: Dein Urlaub war also toll und du hast jemanden kennengelernt?«

»Ich glaube, ich bin wirklich verliebt – in dieses Land.« Ich überlegte. »Und das mit Lennon – ich weiß nicht, was es ist. Wir sind kein Paar oder so. Ich kenne ihn noch nicht mal richtig.«

»Du hast dich wirklich verändert, Veronika.«

»Am liebsten würde ich hier sofort alles hinschmeißen, nur mitnehmen, was in einen Koffer passt, und nach Tobago fliegen.«

»Vielleicht hast du dich doch nur ein kleines bisschen verändert.« Mein Vater griff schmunzelnd nach seinem Glas.

»Nein, so einfach ist es wirklich nicht. Ich weiß nicht, wie es weitergeht.«

Meine Mutter kam durch die Terrassentür.

»Was ist nicht einfach?«, fragte sie. »Wenn ich mich einmischen darf?«

»Nichts ist einfach: Lennon hat kein eigenes Handy. Ich hab kein Geld für den Flug. Und mir ist kalt.« Ich stand in Sommerkleidung draußen in einer kalten Frühlingsnacht.

»Dann gehen wir jetzt rein«, sagte meine Mutter und schob mich Richtung Tür. »Und das Geld wird kommen.«

Vier Monate später saß ich wieder im Flugzeug, flog über den Atlantik, landete, stieg auf eine Fähre und setzte rüber auf die Insel – Vancouver Island. Meine Großmutter hatte mich mit zwei Argumenten überzeugt. Zum einen spendierte sie mir den Flug. Zum anderen wurde in Vancouver zu dieser Jahreszeit karibischer Karneval gefeiert. Ich konnte ihr Angebot aber einerseits schlecht annehmen, weil ich das viel zu großzügig fand. Andererseits konnte ich es aber auch nicht ablehnen, weil ich den Flug nicht selbst bezahlen konnte und sie mich so inständig bat, sie zu begleiten. Sie wollte unter keinen Umständen so lange allein fliegen und wir könnten wieder Zeit miteinander verbringen.

Während der vier Wochen wohnten wir im Haus ihrer Freundin in der Nähe von Victoria an der Südküste von Vancouver Island.

»Veronika ist eine Künstlerin«, stellte mich meine Oma ihrer Freundin vor. Die war vor ein paar Jahren hierher ausgewandert und selbst Hobbymalerin. Ich erklärte ihr, dass ich gerade versuchte, als Künstlerin Fuß zu fassen. Vor meiner ersten Ausstellung mit Runa im April hatte ich innerhalb von drei Wochen 15 Bilder produziert, kleine und große, Blüten und Schmetterlinge, Frauen und Kinder, Ornamente und Abstraktes – hauptsache bunt. Eins davon, eine große Orchidee, fand schon am Abend der Ausstellungseröffnung einen begeisterten Käufer.

»Eine unglaubliche Energie ist in dem Pinselstrich zu erkennen«, hatte der schlanke Mann mit den weißen Haaren gesagt und seine faltige Hand in Richtung des Bildes gehoben. »Mein ganzes Haus ist voller Gemälde und ich frage mich immer, woher Künstler ihre Ideen nehmen.«

»Bei mir ist es das Reisen. Ich glaube, ich habe die Energie von Tobago mitgenommen«, hatte ich ihm erklärt.

Und weil ich auch jetzt wieder auf Reisen war und der Garten unserer Gastgeberin mich dazu verleitete, baute ich die Staffelei auf, die sie mir sofort zur Verfügung stellte, und malte.

In den vier Wochen wanderten wir viel durch die Wälder und machten einen Ausflug nach Chemainus an der Ostküste.

Die kleine Stadt ist bekannt für die Wandmalereien, die ihre Geschichte darstellen. Einen Tag lang spazierten wir von einem riesigen Wandgemälde zum nächsten. Eines hatte eine Länge von 33 Metern. Eine halbe Stunde lang lief ich die Wand immer wieder ab, um all die Details aufzunehmen. Der Künstler, wenn es denn einer allein gemalt hatte, war sicher nicht in zwei Wochen fertig gewesen.

Dann verließen wir Vancouver Island für zwei Tage für den karibischen Karneval in Vancouver. Die Fähre fuhr vorbei an vielen kleinen Inseln. Ich stand an Deck und betrachtete das Panorama aus Bergen, rauer Küste und Wäldern.

»Hach, die Welt ist viel zu schön, um an einem Ort zu bleiben«, sagte meine Großmutter, die neben mir an Deck stand. Ihre Augen glänzten. »Ich sollte mich wohl doch mal trauen, allein zu fliegen.«

»Es ist atemberaubend! Danke, dass du mich mitgenommen hast.« Aber ein Ort war doch noch etwas schöner gewesen als alle anderen, dachte ich für mich.

Unglaublich, dass ich in diesem Jahr noch einmal den karibischen Karneval erleben durfte.

Die Stadt war weltoffen, hier mischten sich Kulturen aus aller Welt. Als die Parade an uns vorbeizog mit all den bunten, schillernden Kostümen und lauter Soca-Musik, gab es mir plötzlich einen Stich ins Herz. Trotzdem, es war nicht das Gleiche. Die vier Wochen waren toll, aber ich konnte den Vergleich nicht vermeiden: Fühlte sich das hier so an wie vor ein paar Monaten in Tobago?

Ich war an der Westküste Kanadas, diesem Sehnsuchtsort vieler Deutscher, und das Gedankenspiel, das ich in den letzten Monaten verdrängt hatte, war wieder eröffnet. Ich sehnte mich nach Tobago, aber mein Leben, das sich nun mal in Deutschland abspielte, war wichtiger. Ich hatte meine eigene kleine

Atelierwohnung in Speyer und machte Ausstellungen mit meiner Freundin Runa oder anderen Künstlern. Zwischendurch nahm ich Jobs als Maskenbildnerin an. Meine Priorität war ganz klar: Ich musste wieder Fuß fassen, und diesmal mit dem, was ich gern tat. Wenn ich hier nicht schaffte, mir etwas Neues aufzubauen, wie sollte ich es dann woanders schaffen? Aber auf schmerzhafte Weise war da auch immer diese andere Möglichkeit. Ab und zu telefonierte ich mit Lennon, meistens konnten wir uns sogar gut hören. Dann erzählten wir uns ganz alltägliche Sachen. Er wollte alle Details über mein Leben hier wissen. Es herrschten jedoch auch mal ein paar Wochen Funkstille.

Zwischenzeitlich lebte er wieder in Port of Spain. Die Arbeit auf der Baustelle in Patience Hill war getan.

Ich war viel gereist, mehr als meine Großmutter. Aber reisen allein machte wohl nicht glücklich. Vielleicht ging es darum, irgendwann an einem Ort anzukommen.

Zu Hause im Briefkasten fand ich eine Postkarte von meinem ersten Fan. Der ältere Herr hatte das Bild an seiner Wand fotografiert. Dafür habe er extra ein anderes Bild abhängen müssen, schrieb er mir und fragte, wann ich denn wieder nach Tobago reisen würde, denn er wolle noch viel mehr solcher Bilder von mir sehen. Er war einfach entzückend. Ich nahm mir gleich den Stift und schrieb ihm zurück.

»Vielen Dank für Ihre Erinnerung, das nicht zu vernachlässigen, was mich antreibt.«

Wenn ich wissen wollte, was das mit mir und Lennon war, musste ich der Sache eine Chance geben. Da waren jedoch zwei Probleme. Erstens mein leeres Portemonnaie. Während ich weg war, hatte ich mehr Geld ausgegeben als sonst, was so eine Reise nun mal mit sich bringt. Gleichzeitig hatte ich keine Einnahmen, was die Selbstständigkeit nun mal so mit sich bringt. Man arbeitet selbst und ständig – tut man das nicht, macht es sich nach ein paar Wochen auf dem Konto deutlich bemerkbar. Zweites Problem, was dem ersten aber wiederum entgegenwirkte: Mein Terminkalender war voll. Keine Lücke war groß genug für Tobago. Da waren die Märkte, allein oder mit meiner Freundin Runa. Ich blätterte vor bis zum November, wo Paco mich in Köln beim Weihnachtsmarkt erwartete. Ich sollte in diesem Jahr die neuen Mädchen einarbeiten und ihnen die richtigen Handgriffe für die Hochsteckfrisuren beibringen.

Frustriert schlug ich den Kalender zu. Lennon rief in dem Moment an. Heute war er klar zu hören. Die Unterhaltung war trotzdem wie immer etwas holprig. Ich verstand seinen Trinidad-Slang am Telefon nicht so leicht und er musste immer noch langsam und deutlich mit mir sprechen, aber es tat gut, seine Stimme zu hören.

Ich konnte ihm nicht sagen, dass ich wieder nach Tobago kommen wollte. Das musste ja schon wie eine Floskel klingen. Er würde es für ein leeres Versprechen halten, zumindest klang es in meinen Ohren so: »Sobald ich Geld habe, wenn ich wieder Zeit habe ...«

Wenn es hier gerade so gut lief, sollte es wohl so sein. Ich biss die Zähne zusammen und machte weiter. Die vier Wochen auf dem Weihnachtsmarkt waren der stressige Höhepunkt des Jahres mit einer Sechs-Tage-Woche von morgens bis abends.

»Wie machst du das nur, Veronika?«, fragte Paco. »Du schuftest wie ein Pferd.«

»Es macht Spaß!«, sagte ich. Und es lenkte ab und gab Geld.

Abends und am freien Tag traf ich mich immer mit Eve im Café. Mit ihr war es wie früher. Wir saßen in unserem Lieblingscafé vor unserem Latte macchiato und irgendwann fing ich wieder an, von Lennon und von Tobago.

»Süße, das hab ich alles schon gehört. Erzähl mir was, das ich noch nicht weiß!« Gelangweilt rührte sie in ihrem Kaffee.

»Okay, was hältst du davon: Hab ich dir schon mal gesagt, wie sein Nachname lautet?«

Sie schüttelte den Kopf und sah mich erwartungsvoll an.

»La Fortune.«

»Du siehst schon euer Namensschild vor dir an eurem Haus unter Palmen!« Sie lachte laut. »Süße, du bist der Knaller!«

Ich schüttelte lachend den Kopf. »So weit denke ich bestimmt nicht. Ich will es doch nur noch einmal probieren, wie es ist, wenn ich wieder da bin. Aber so ein Name muss doch Glück bringen.«

»Wann siehst du denn nun dein Glück wieder in Tobago?«

Das war wirklich die Frage aller Fragen.

Weihnachten verbrachte ich bei meiner Mutter. Am ersten Weihnachtsfeiertag schlug ich morgens die Augen auf. Wie immer war da dieses Blinken, meine persönliche Leuchtreklame: Tobago – Lennon – Tobago – Lennon. Und der Gedanke: Was wäre, wenn ...

Ich wollte aber noch einmal mit Lennon telefonieren, bevor ich den Lohn vom Weihnachtsmarkt ins Flugticket steckte. Auf mein Gefühl hören, wenn ich mit ihm sprach.

Abends rief er aus Trinidad an. Er erzählte mir von seinem Weihnachtsessen. Den »Black Cake« hatte seine Großmutter nach traditionellem Rezept schon fast zwei Monate vor Weihnachten zubereitet und dann in Rum getränkt. Er halte ein Foto von mir in der Hand, sagte er. Mein Bild von ihm steckte in einem Rahmen, den ich jetzt aus dem Koffer holte. Da war ein Kribbeln in meinem Bauch.

»Ich habe einen Wunsch zu Weihnachten: Ich würde dich gern wiedersehen«, sagte Lennon. Das hatte er lange nicht gesagt. Aber nur, weil er mich nie hatte drängen wollen. Ich hatte mein Leben und er seins.

»Ich werde sehen, was ich machen kann«, sagte ich geheimnisvoll. »Merry Christmas!«

Selig lächelnd ging ich ins Wohnzimmer. Helene saß auf der Couch und legte sich Matilda an die Schulter, die sie babymäßig bespuckte. Routiniert griff Helene nach dem Spucktuch, um das Grobe wegzuwischen, und wartete, bis sie fertig war. »Nimmst du sie? Ich muss mich umziehen.«

Ich hielt die Kleine auf dem Arm, die so klein gar nicht mehr war. Matilda sah mich aus großen Augen an und nuckelte an ihrer Faust. Sie war nur wenige Tage, bevor ich nach Vancouver reiste, geboren worden. Ein fünf Monate altes Bündel, das seiner Mutter den Schlaf raubte und sie rund um die Uhr beschäftigte. Aus ihrem Tattoostudio war Helene gerade raus. Aber sie wirkte viel ruhiger auf mich als früher. Das Muttersein war jetzt ihre Rolle.

»Du weißt schon, dass es nie den richtigen Zeitpunkt geben wird, oder ...?«, sagte sie, als sie wieder neben mir saß. »Das ist wie mit Kindern.«

»Vielleicht nicht den richtigen – aber ich glaube, ich hab den perfekten Zeitpunkt gefunden.«

Valentinstag

»Weiß dieser junge Mann, dass du wieder hier bist?«, fragte mich Mary. Ich stand in der Küche ihrer Kantine.

Am Vortag war ich gelandet. Am 13. Februar. Ich hatte den Zeitpunkt verpasst, wieder zusammen mit Jean nach Tobago zu fliegen, die schon zu Weihnachten in ihre Heimat gereist war. Andererseits wäre das Fest der Liebe vielleicht auch übertrieben gewesen – ich kannte Lennon ja gerade einmal zwei Wochen lang, die Monate umständlichen Telefonierens über Handys Dritter nicht mitgezählt. Heute war Montag, eine Woche nach Rosenmontag – ich hatte also wieder Geld auf dem Konto. Und heute war Valentinstag.

»Nein. Ich hoffe, das war kein Fehler.«

Seit der Landung hatte ich mir verkniffen, Lennon anzurufen. Eigentlich verkniff ich mir schon seit Wochen, ihm zu verraten, dass ich wirklich einen Flug gebucht hatte. Das war besonders schwierig in dem Moment, als er erzählte, sein Chef habe ihn wieder auf die Baustelle nach Patience Hill versetzt. Aber ich wollte seine Reaktion sehen, wenn ich einfach so vor ihm stand.

Mary lachte. »Überraschungen sind das Beste.«

Ich reichte ihr einen Roti-Fladen, den ich auf dem Papier ausgebreitet hatte. Sie gab Fleisch und Gemüse mit ihrer Spezialsauce darauf und wickelte ihn gekonnt zusammen. Ich hatte es immer noch nicht raus, den dünnen Fladen so zusammenzuwickeln, dass der dünne Teig nicht riss und das Ganze trotzdem hielt. Zumindest bis der Käufer das erste Mal hineinbiss, ab dann war es eh keine schöne Angelegenheit mehr. Wie beim Döner. Also beschränkte ich mich auf meine Rolle als Handlangerin, nahm ein Flasche Cola aus dem Kühlschrank und lief mit dem verpackten Roti und dem Getränk raus zum Tresen.

Es war Mittagszeit, am Tresen warteten schon fünf Männer. Ich erkannte zwei davon. Lennons Kollegen. Sie lachten mich an. Anscheinend konnten sie sich auch an mich erinnern. Ich wollte jedoch nicht nach Lennon fragen. Bestimmt kam er her.

Die Arbeit in der Küche war viel besser als Warten.

Wenig später trat Mary ganz nahe an mich heran und stupste mich mit dem Ellbogen an. »Er ist hier.«

Mir war heiß, als ich meine Schürze ablegte und durch die Tür vor zum Tresen ging. Ich entdeckte Lennon weiter hinten im Raum, bei den Tischen. Als er aufsah und mich entdeckte, ließ er mich nicht aus den Augen. Da war wieder dieser Blick, den ich fast vergessen hatte. In meinem Magen kribbelte es, als ich ihn lächeln sah. Warum hatte ich ein Jahr gewartet?

»Ich hab mir gedacht, dass ich dich hier finden würde«, sagte er. »Ich wusste nur nicht, wann.«

Mary und Kalique hatten darauf bestanden, dass ich wieder bei ihnen wohnte. Das tat ich auch für drei Tage. Für den Rest der vier Wochen hatte ich mir eine Unterkunft in Buccoo gemietet. Mein eigenes kleines Apartment, zwei Fußminuten zum Strand, eine kleine Küche, ein großes Bett mit Moskitoschleier darüber, der von der Decke hing, und Fenster, die sich nicht dicht schließen ließen, eine Art Lamellen aus Glas. Was das bedeutete, sollte ich erst später merken.

Lennon und ich sahen uns jeden Abend, wenn er von der Baustelle kam, und in den Nächten lagen wir im selben Bett. Am Wochenende verzichtete er darauf, die Fähre nach Port of Spain zu nehmen, wie sonst immer. Wir blieben lange im Bett, kochten gemeinsam und stellten fest, dass wir uns immer noch mehr zu erzählen hatten. Und das Schweigen, wenn wir nebeneinander lagen, unsere Hände miteinander spielten und wir mit Blicken das Gesicht des anderen erforschten, war sogar noch viel unterhaltsamer. So verging unser erstes wiedervereintes Wochenende und wir feierten es am Sonntagabend mit ein paar Drinks bei der Sunday School.

Lennon deutete so etwas wie Tanzen an, während er mir beim Tanzen zusah. Ich konnte das auch allein. Wenn ich glücklich war, tanzte ich und ich war glücklich, wenn ich tanzte. An diesem Abend war ich am glücklichsten. Ich war wieder hier, die Moskitos zerstachen mich und Lennon war bei mir. Mir ging es so gut.

Kurz nach Mitternacht liefen wir die Straße hoch und um die Ecke. Vom großen Platz unten am Hafen schallte die Musik zu uns hoch. Ich war müde von der Hitze und froh, mit Lennon allein zu sein, als ich die Tür hinter mir schloss – allein in diesen vier Wänden, wo es ruhig war ... Nein, eigentlich war es genauso laut wie draußen. Die Wände schienen aus Pappe zu sein und die Fenster ließen alles durch. Immerhin war es nicht so laut, als stünde der Lautsprecher direkt neben dem Bett. Aber das war auch egal – nichts konnte meine Stimmung trüben.

Eine Stunde später war Lennon längst eingeschlafen und ich beobachtete seine Silhouette, den Kopf auf dem Kissen, seine Schulter, die sich hob und senkte, während er mit dem Gesicht zu mir lag. Mittlerweile gewann ich den Eindruck, als hätte jemand den Lautsprecher ein Stück weiter nach oben in unsere Straße getragen. Wahrscheinlich wurde ich empfindlicher, je müder ich wurde.

Das Wummern war doch irgendwie gleichmäßig, vielleicht könnte ich darüber hinweg einschlafen. Das redete ich mir zwei Minuten ein – bis das Wummern sich beim nächsten Song veränderte. Ich tröstete mich dann damit, dass ich noch den ganzen Tag schlafen konnte, und versuchte, mich nicht so viel hin und her zu wälzen, um Lennon nicht zu wecken.

Irgendwann schrak ich auf. Ein Hahn schrie. Einmal, zweimal, dreimal. Er wiederholte es nach einer Minute und noch mal und noch mal. Es war fünf Uhr morgens. Der Hahn brauchte bestimmt eine halbe Stunde, um sein Programm zu absolvieren. Kurz darauf ging die Sonne auf und Lennons Wecker klingelte. Tobago – der Ort, wo ich zur Ruhe kam. Schläfrig beobachtete ich Lennon, der sich gut gelaunt im Bett aufsetzte.

Stunden später wachte ich mit einem Grinsen im Gesicht auf. Es war elf Uhr. Als Erstes zog ich meinen Bikini an, ein Kleid darüber und ging los für mein morgendliches »Die-Karibik-hat-mich-wieder-Schwimmen«.

Die Männer an dem kleinen, verschlagartigen Häuschen für Bootstouren grüßten mich. Der Älteste – er war bestimmt um die fünfzig – lüftete dabei seine Kappe und rief: »Enjoy your swimming!«

Das tat ich. Buccoos Bucht war einfach traumhaft – der Sandstreifen mit dem Grün dahinter ergab ein Halbrund, das in einer felsigen Spitze endete, auf der anderen Seite die gelben, roten und weißen Häuser des Dorfes, daneben ragte die Klippe auf und zwischen beiden Seiten der Bucht das sanfte türkisblaue Wasser und der endlose Himmel. Nichts sonst, was meine Sicht begrenzte, niemand, der mich beim Schwimmen störte, nichts wirkte harmonischer, schrie mehr nach Freiheit, nach Schönheit der Natur, nach Perfektion als diese Bucht. Mir zumindest lief das Herz davon über.

Ich hatte nicht das Gefühl, als wäre ich lange weggewesen. Tobago war immer noch genauso da für mich wie vor einem Jahr. Das Gefühl in mir, das sich im Laufe meines ersten Urlaubs eingestellt hatte, kam sofort wieder. Die Ruhe in mir. Als würde diese Insel sagen: »Schön, du bist wieder da. Genieß das Leben und alles ist gut. Go with the flow.« Das klang ein bisschen nach dem Rastamann – ich musste unbedingt wieder nach Mt. Irvin spazieren und ihn fragen, ob er noch immer in seiner Hütte am Strand lebte.

Ich könnte das jeden Tag haben, dachte ich. Es lag an mir. An die eine schlaflose Nacht pro Woche würde ich mich auch noch gewöhnen. Die Einheimischen hier konnten schließlich auch damit leben. Ich hatte drei Wochen Zeit, das zu üben.

An einem Sonntag fand die »Harvest« in Buccoo statt – eine Art Dorffest. Lennon erklärte mir, es gebe einen Gottesdienst für alle, danach werde gegessen und Musik gespielt.

Viele Dorfbewohner kochten und backten, luden Freunde, Familie und Fremde ein, man teilte das reichhaltige, speziell zubereitete Mahl zum Zeichen der Dankbarkeit. Die Türen standen offen, vor den Häusern und auf dem Platz vor der Ziegenrennbahn wurden Tische aufgebaut.

Lennon half mir, einen kleinen Stand aufzubauen. Ich stellte ein kleines Pappschild auf mit der Aufschrift »Facepainting for children – 10 TT-Dollar«. Das waren umgerechnet nicht mal zwei Euro. Fast hätte ich umsonst geschminkt, aber Lennon fand, ich sollte auf jeden Fall ein bisschen Geld dafür nehmen. Das war meine Möglichkeit, etwas beizutragen, ohne mich mit meinen Kochkünsten zu blamieren. Alle im Dorf kochten und backten für diesen Tag, um es mit Besuchern aus anderen Dörfern zu teilen. Jeder steuerte etwas bei, um es zu einem kleinen Fest zu machen. Ich wohnte hier vielleicht nicht, aber man brauchte sicher keine Meldebescheinigung, um ein bisschen Farbe auf Gesichtern zu verteilen.

Ich setzte mich dann hin und wartete, gespannt, ob die Kinder sich von der weißen Frau schminken lassen würden. »Wenn niemand kommt, muss ich mit dir anfangen.«

Lennon kniff die Augen zusammen. »Da muss ich mir was Schwieriges für dich überlegen ...«

Er kam schließlich jedoch um sein Make-up herum, weil keine fünf Minuten später eine süße Sechsjährige mit großen Augen und dicken roten Perlen in den geflochtenen Zöpfen vor mir saß. Sie wünschte sich ein Einhorn. Und ich war noch nicht mal ganz fertig mit ihrem Gesicht, da stand schon eine Handvoll weiterer Kinder vor meinem Tisch. Auf den Vorführeffekt konnte ich mich schon immer verlassen. Voller Ehrfurcht sah das Mädchen nach vollbrachter Tat in den Spiegel, den Lennon mir mitgebracht hatte. Kaum war die Kleine aufgestanden, sprang schon die nächste auf den Stuhl.

Lennon machte von jedem geschminkten Kind ein Foto. Die Farben leuchteten auf der braunen Haut. Das hier war mein Metier. Ich tat, was ich immer tat – nur hier war es viel heißer, im Hintergrund ragten die Palmen am Strand auf und ich tat es mehr für mich als fürs Geld, auch wenn ich mich freute, dass die Scheine in meiner Hosentasche meinen nächsten Einkauf sicherten. Aber für den Fall der Fälle musste ich doch schon mal testen, was hier möglich war.

Lennon war für mich da, jeden Tag, fragte mich, was ich mir wünschte, was ich brauchte, er hielt mich, er küsste mich und er stellte mich seinen Freunden vor. Das war seine Art. Mit den großen Emotionen hielt er sich zurück. Er war unkompliziert. Er war kein Rätsel mehr für mich, sein Verhalten war eindeutig.

Mein Herzklopfen auch. Wir lebten unseren kleinen Beziehungsalltag auf Probe und sprachen nicht darüber, wie es weitergehen sollte nach meinem Urlaub.

Es könnte ganz einfach sein. Ein einfaches Leben. Ich horchte in mich hinein, beim Spazieren, beim Schwimmen in den Wellen und während jeder Autofahrt auf dem Beifahrersitz neben Lennon. Bisher ging es in meinem Leben immer nur ums Weitermachen. Was kam als Nächstes? Irgendwohin musste die Reise doch gehen. Aber vielleicht musste es ja gar nicht immer weitergehen.

Vielleicht konnte ich aus alldem aussteigen. Vielleicht war es die Zeit fürs Ankommen und vielleicht war das hier der Ort dafür. »Vertrau mir«, sagte mein Herz. »Dein Platz ist hier«, sagte es laut und deutlich.

Auf dem Bild vor meinem inneren Auge sah ich auch Lennon. Aber er hatte ein Leben in Trinidad. Ich würde nichts von ihm abhängig machen.

Ich traf eine Entscheidung, nur für mich.

Erst ein paar Tage vor meinem Rückflug sagte ich es ihm. »Ich will das hier. Ich will wiederkommen. Ganz.«

»Okay«, antwortete er, ohne zu überlegen. »Ich möchte bei dir sein, wenn du nach Tobago kommst.«

Mit einem Kloß im Hals sah ich in seine dunkelbraunen Augen. Dieser Mann konnte mich immer wieder überraschen.

»Vero?« Ich liebte es, wie er meinen Namen im schönsten amerikanischen Englisch abkürzte. »Im Ernst. Ich will mit dir zusammen sein. Ich liebe dich.«

»Ich liebe dich auch«, flüsterte ich zurück.

Dieser Abschied war anders als der erste. Diesmal war ich verliebt bis in die letzte Faser meines Körpers und wollte keine achttausend Kilometer zwischen uns haben. Diesmal wollte ich alles richtig machen und mir die Zeit nehmen, die dafür nötig war, mein altes Leben zu regeln.

»Lass dir Zeit, mach es so, wie du es für richtig hältst, und es wird sich schon alles ergeben.« Lennon schien keine Unsicherheit zu kennen.

So fest entschlossen, wie man nur sein kann, mit dem guten Gefühl, die beste Entscheidung meines Lebens getroffen zu haben, stieg ich ins Flugzeug.

Auf dem Rückflug überlegte ich mir, wie ich mein Leben in Deutschland langsam aufgeben würde, alles verkaufen würde, was ich nicht mehr brauchte, und die wichtigsten Dinge einlagerte.

Bei wem ich in den letzten Wochen wohnen könnte, um Geld zu sparen.

Ich versuchte aufzulisten, was mich eigentlich noch in Deutschland halten könnte. Es blieb nicht viel übrig, aber eben das Entscheidende: meine Freunde und meine Familie. Meine Nichte. Sie wurde so schnell groß und ich würde sie nur noch ein- oder zweimal im Jahr sehen. Das machte mich schon traurig, bevor ich überhaupt wieder in Frankfurt gelandet war. Ich kam mir selbst verrückt vor. Ich war mir so sicher wie noch nie und hatte gleichzeitig doch auch so viele Bedenken wie noch nie. Das sprach zusätzlich dafür, die Sache diesmal langsam angehen zu lassen.

Abgesehen davon blieb nichts, was ich nicht auch bei einem Besuch hier haben könnte. Mit dem Touristenvisum müsste ich ohnehin alle sechs Monate ausreisen, das hätte ich dann nur günstig zu timen, um möglichst die lukrativen Jobs auf Beauty-Messen und den großen Märkten und Volksfesten mitzunehmen.

Dieses Mal sollte alles anders sein und deshalb war mein Vater der Erste, dem ich davon erzählen wollte.

Wer, wenn nicht ich?

»Du wirkst sehr aufgeräumt, Veronika«, sagte mein Vater, als er sich im Chaos meiner halb leeren Atelierwohnung umsah.

»So wie meine Wohnung, meinst du?« Es war ein Bild des Schreckens für mich. Die meisten meiner Möbel hatte ich in den letzten zwei Wochen verschenkt oder verkauft. Alles, was die Schränke und Regale gefüllt hatte, war entweder auf dem Flohmarkt oder in einer Kiste gelandet. All den Kram, den ich weder mitnehmen noch wegschmeißen konnte, wollte ich auf dem Dachboden meines Vaters einlagern. Ich sah mein Leben – in traurige braune Umzugskisten verpackt, die sich an einer Wand stapelten: die Ordner mit Unterlagen, die ich am liebsten weggeschmissen hätte, und Dinge, die ich noch brauchen konnte für den im Moment gar nicht so unwahrscheinlichen Fall, dass ich irgendwann wiederkommen würde. Bilder, die ich gemalt hatte, meine Sammlung von Zeitungsartikeln zum Pferdemusical, eine kleine Buddha-Statue, die mir eine Freundin in Encinitas, Kalifornien, schenkte, der kleine, massive Holztisch in Form eines Delfins, den ich selbst gesägt, gehobelt und geschliffen hatte. Vor allem aber Hunderte, ja, Tausende Fotos von meinen Freunden, meiner Familie und meinen Reisen. Meine Fotos von Kalifornien, Ghana, Vancouver und Tobago waren mir heilig.

Jede Kiste, die ich jetzt in den Transporter lud, schien mich zu fragen, ob ich verrückt geworden sei.

Wieder einmal: Da war ein Mann, den ich nur ein paar Wochen kannte. Ich war 31 und stand vielleicht kurz davor, schon wieder den gleichen Fehler wie zuvor zu machen. Ich hatte mir Zeit gelassen bis zum Herbst und alles geplant – bis auf das genaue Abflugdatum, da war ich flexibel, um den möglichst günstigsten Flug buchen zu können. Zuletzt hatte ich noch den Auftrag bekommen, ein großes Gemälde abzumalen – ein Duplikat für eine Künstlerin, mit der ich befreundet war. Nachdem das fertig war, fing ich an, die Wohnung auszuräumen.

Mein Plan bezog sich allerdings nur darauf, wie ich mein altes Leben geregelt zurückließ. Alles, was nach dem Moment kam, wenn ich ins Flugzeug steigen würde, war ungewiss. Oder geplante Freiheit, je nachdem, wie man es betrachtete.

Die Kisten landeten im Transporter und danach auf dem Dachboden meines Vaters, ich zog mit meinen zwei Koffern – einer mit den Winterklamotten, der andere fertig gepackt für Tobago – zu Jean.

Es fühlte sich nicht wie ein Aufbruch an. Ich fühlte mich obdachlos.

Aber das war der Plan, denn ich wollte in den letzten Monaten die Miete sparen und bei Jean wohnen, dann nach Köln fahren und wieder beim Weihnachtsmarkt arbeiten. Den konnte ich mir schon aus rein finanziellen Gründen nicht entgehen lassen.

Dann bekam ich eine Anfrage für Februar. Ein Auftraggeber in Köln, der mich verlässlich jedes Jahr zum Karneval als Maskenbildnerin engagierte, schrieb mir in einer E-Mail, dass er mich auch dieses Jahr wieder buchen würde. Ich klickte auf »Antworten«. Pläne sind ja nur dazu da, um sie über den Haufen zu werfen. Und Lennon hatte ja ohnehin noch seinen Job in Trinidad, also konnte ich auch die Karnevalszeit noch mitnehmen und erst anschließend nach Tobago fliegen. Im Februar hatten Lennon und ich uns kennengelernt und genau ein Jahr später wiedergesehen – beim dritten Mal konnte man das schon eine Tradition nennen. Traditionen waren doch ein gutes Zeichen …

Bevor ich meine Zusage tippte, hielt ich inne. *Wenn* ich zusagte, müsste ich noch über vier Monate ohne Lennon im kalten Deutschland ausharren, aber andererseits: Auswandern war teuer. Ich wusste ja nicht einmal, wovon ich auf Tobago leben sollte.

Ich beantwortete die E-Mail dann erst mal nicht und erzählte Jean von meinem Dilemma. Wir setzten uns auf ihre braune Couch mit den bunten Kissen und dem runden Holztisch davor, auf dem immer eine heiße Teekanne stand. Das war schon fast ein Ritual.

»Mach das nicht nur wegen des Geldes. Das ist nicht, was zählt«, hielt Jean mir bestürzt entgegen. Sie hatte ihre Teetasse in der Hand und schüttelte den Kopf mit der Lockenmähne. »Warte nicht zu lang. Du hast die Liebe gefunden! Das ist wichtig!«

Sie traf genau die richtige Stelle. Die Feiertage zum Jahresende machten mich immer ein wenig rührselig. Weihnachten war für mich das Fest der Liebe und mir war jetzt schon das Herz schwer beim Gedanken daran, dass immer noch fast achttausend Kilometer zwischen uns lagen. Es war doch irgendwie alles noch frisch zwischen uns. Und die Tatsache, dass wir immer nur alle paar Wochen telefonieren konnten – wann hatte dieser Mann denn endlich das Budget für ein eigenes Handy?

Ich sagte den Job im Februar also ab und fragte Lennon, wann er sich ein Handy anschaffen werde. Da saß ich auf gepackten Koffern und konnte ihn nicht mal erreichen, wann ich wollte.

»Ich spare mein Geld für die wichtigen Dinge: um meiner Großmutter zu helfen und meine Freundin versorgen zu können, wenn sie bald hier ist.«

Das war sehr pragmatisch gedacht. Ich hatte keine Einwände mehr. Und ich war gerührt.

»Wann wirst du bei mir sein?«, wollte er wissen.

»Nach Weihnachten, aber ich habe noch keinen Flug gebucht«, gab ich zu.

»Ich kann es kaum erwa … krrrk …« Die Verbindung war wieder einmal schlecht. Das war dann wohl das Ende dieses Gesprächs.

Ich setzte mich an den PC, aber nicht, um ihm eine E-Mail zu schreiben, denn natürlich hatte Lennon auch keinen Computer, sondern um so schnell wie möglich einen Flug zu buchen, bevor ich es mir anders überlegte. Ich wollte noch dieses Jahr zu ihm. Da blieb zwischen Weihnachtsmarkt und Jahreswechsel allerdings nur der 25. Dezember übrig.

»Nicht verfügbar«, wurde mir angezeigt. Ausgebucht? Anfang November? Ich konnte es nicht glauben und rief sofort bei der Airline an. Vielleicht gab es noch reservierte Plätze, die möglicherweise frei wurden, oder Stornierungen, die noch nicht online angezeigt wurden.

Der Mitarbeiter tröstete mich damit, dass noch immer kurzfristig etwas frei werden könne. Er bot mir zudem den Flug am 1. Januar an und nannte mir den Preis.

»So viel?«, fragte ich, ohne eine Antwort zu erwarten. Ich bat ihn, mich auf die Warteliste zu setzen, falls doch noch ein Platz am 25. Dezember frei würde.

Was sollte das noch werden?

»Everything will work out«, hätte Lennon gesagt. Ich stellte mir seine Stimme dazu vor und das beruhigte mich. Wird schon alles funktionieren.

Mitte November sagte ich Speyer auf Wiedersehen. Zumindest von Jean musste ich mich aber wenigstens nicht für lange Zeit verabschieden. Auch wenn wir uns in Tobago wiedersehen würden, fehlte mir jedoch jetzt schon eine Freundin, die um die Ecke wohnte und die mich verstand wie kein anderer Mensch sonst.

Normalerweise leistete ich mir während der vier Wochen auf dem Weihnachtsmarkt ein eigenes Zimmer von meinem Verdienst oder sogar ein Ein-Zimmer-Apartment. Diesmal gab ich dafür aber kein Geld aus. Eve stellte mir ihre Couch zur Verfügung. Ich konnte auch so pragmatisch sein wie Lennon.

Von der Airline gab es noch immer keine positive Nachricht, egal, wie oft ich anrief. Ich versuchte mir krampfhaft einzureden, dass das kein schlechtes Omen war.

»Das ist ein schlechtes Zeichen«, heulte ich meiner Mutter ein paar Tage später am Telefon vor. Wenn ich mich in einem Tief befand, dann richtig. »Ganz ehrlich, du würdest mir doch die Wahrheit sagen, oder? Ich bin doch in Wirklichkeit völlig verrückt. Ich kenn diesen Mann doch kaum und gehe in dieses arme Land, in dem ich eine Fremde bin und immer sein werde.«

Wenn sich mein Optimismus verabschiedete, war die Lage ernst. Plötzlich war ich mir alles andere als sicher, ob ich in nächster Zeit ins Flugzeug steigen würde.

»Und ich hatte mich schon so darauf gefreut, dich zu besuchen.« Meine Mutter klang enttäuscht.

Ich war sprachlos. Das war alles, was sie dazu zu sagen hatte?

»Veronika«, fuhr sie fort, »beruhige dich.« Das klang eher nach meiner Mutter. »Wenn du von Tobago erzählst, von Lennon, dann leuchten deine Augen, jedes Mal. Das hat doch was zu bedeuten. Komm erst mal runter und wir reden, wenn du hier bist.«

Ruhe bewahren! Das versuchte ich auch in den Tagen auf dem Weihnachtsmarkt. Die Arbeit half, den Kopf abzuschalten, zumindest tagsüber. Meine Hände waren geübt in schnellen Hochsteckfrisuren, aber ich war nicht so geübt darin, mit Last-minute-Zweifeln zum Thema Aussteigen umzugehen. Mit Zweifeln im Allgemeinen war ich nicht so vertraut. Sehen – wollen – handeln, das kannte ich. Mein Leben bestand aus Impulsen. Wenn sich etwas für mich gut anfühlte, dann war es das Richtige. Und dann musste es schnell gehen. Das war wohl in diesem Fall mein Fehler – ich hatte mir zu viel Zeit gelassen und immer öfter hörte ich meine böse innere Kopfstimme. Sie hatte ein schlagendes Argument: »Du hast schon einmal alles aufgegeben für einen Mann ...«

Der Tänzer. Das war schiefgegangen.

»Genau! Und wie ging es dir danach? Gar nicht gut.«

Aber mit Lennon, das wäre eine andere Geschichte, wusste ich tief in meinem Herzen. Lennon wartete ja nur darauf, dass ich bei ihm ankam. Damit wir ein ganz neues Kapitel aufschlugen.

Damals, nach fünf Jahren Pferdemusical, war ich ausgebrannt gewesen, nicht bei klarem Verstand. Wenn dieser Kerl nicht gewesen wäre, hätte mich irgendetwas anderes in die Depression gestürzt. Sie hatte ja schon auf ihre Chance gelauert und nur auf einen Anlass gewartet.

Mit dem klaren Verstand im Moment war ich mir allerdings dann doch nicht so sicher.

Eve musste schließlich wieder einmal herhalten und sich meine Zweifel und mein Gejammer bei einem Latte macchiato anhören.

»Gibt es so etwas eigentlich in Tobago? Kaffeespezialitäten, Starbucks, irgendwas?«, fragte sie und leckte den Milchschaum von ihrem Löffel.

Das war nicht die Hilfe, die ich erwartet hatte. Aber Eve traf den Nagel trotzdem auf den Kopf. Das einfache Leben auf Tobago hieß auch Verzicht auf einiges, was in einer deutschen Großstadt normal war.

Da saß ich hier im Winter in der Lounge-Ecke eines geheizten Cafés, ließ mich von den Stimmen und der Chill-out-Musik berieseln und war kurz davor, alles abzublasen.

»Du machst es mir nicht gerade leichter, weißt du das? Vielleicht steig ich doch nicht ins Flugzeug.«

»Um auf ein Leben mit Lennon zu verzichten? Liebe, Sonne, Karibik ... Nein, das brauchst du nicht!« Theatralisch warf sie ihre langen Haare über die Schultern nach hinten. »Gib mir dein Handy, ich regel das für dich und sag ihm Bescheid, dass du nicht kommst.«

Ich seufzte genauso dramatisch. »Und all die Jahre hab ich gedacht, du wärst meine verständnisvolle Freundin, die mich unterstützt und aufbaut.«

»Ich versteh dich genau und deswegen verpass ich dir gleich einen Tritt in den Hintern! Geh endlich nach Tobago und lass mich in Ruhe!« Sie wedelte genervt mit den Händen.

»Ach, so ist das, kein Problem, du siehst mich nie wieder.« Ich verschränkte die Arme.

»Und da findest du hoffentlich schnell eine neue Freundin, die dir erklären kann, wie bekloppt du bist.« Sie zog eine Augenbraue hoch und grinste mich an.

Streiten mit Eve machte so viel Spaß wie immer. Das gehörte bei uns zum guten Ton.

Ich fiel ihr um den Hals. Es ging mir schon viel besser. »Ich hab dich auch lieb!«

»Mach dir nicht in die Hosen. Im Grunde ist es doch Auswandern auf Probe.«

Da hatte sie recht. Nach sechs Monaten brauchte ich ein neues Visum – der Deutschlandbesuch im Sommer war schon fest geplant.

Am 23. Dezember saß ich im Wohnzimmer meiner Mutter. Es war so gemütlich bei ihr. Weihnachten – das Zusammensein, der geschmückte Baum, die Lichter, die Wärme –, ich liebte es und es machte mich gleichzeitig traurig.

Leider hielt ich noch immer kein Flugticket in Händen. Die Tür zum Rückzieher in letzter Minute stand weit offen. Hatte das nicht etwas zu bedeuten?

Und wieder musste ich alle mit meinen Zweifeln in den Wahnsinn treiben. Mein Bruder verstand die Aufregung nicht. Tobias, der Wirtschaftsingenieur, hätte schon vor Monaten einen Flug gebucht. Er war leidenschaftlich gern rational.

Ich hob Matilda auf meinen Schoß und knutschte sie, bis sie den Kopf wegdrehte. Unter Helenes Bluse wölbte sich schon langsam der Bauch. Zwei weitere Gründe zu bleiben. Ein Grund auf meinem Schoß und einer in Helenes Bauch. Ich war in dieses Kind vernarrt. Als sie vor fast anderthalb Jahren zur Welt kam, hatte ich sie nach ihren Eltern als Erste im Arm gehalten. Und das sollte bei meiner zweiten Nichte oder einem Neffen anders sein? Mir stiegen die Tränen in die Augen. Ich zwirbelte Matildas blonde Löckchen zwischen meinen Fingern und brauchte eine ehrliche Meinung von meiner Schwester.

»Hältst du mich für völlig verrückt? Ich weiß wirklich nicht ...« Jetzt war es noch nicht zu spät, alles rückgängig zu machen.

»Stopp!«, rief meine Schwester empört. »Du kriegst nur kalte Füße, das ist alles. Das geht vorbei. Hatte ich bei meiner Hochzeit auch.«

Helenes Mann zog erstaunt die Augenbrauen hoch. Sie ignorierte ihn.

»Es gibt keinen Direktflug mehr. Nicht in diesem Jahr«, klagte ich.

»Dann fliegst du eben nicht auf direktem Weg, wo ist das Problem? Es gibt auch andere Flüge in die Karibik. Und von wo auch immer aus fliegst du dann nach Tobago.«

»Veronika«, schaltete sich meine Mutter ein. »Normalerweise lasse ich dich ja tun, was du willst. Aber wenn du jetzt doch nicht gehst, was dann? Wenn *du* nicht auswanderst, wer soll das sonst tun ...?«

»Und du musst das neue Jahr mit ihm anfangen! Nicht anders!« Helene sah mich an, als wollte sie mich am liebsten sofort ins Flugzeug setzen.

»Merry Christmas«, sagte Lennon, als er anrief – wie vor einem Jahr.

»Frohe Weihnachten«, presste ich hervor und spürte die Tränen aufsteigen. »Der Flug ist ausgebucht, nichts funktioniert und ich habe nicht mal einen Plan, was ich in Tobago machen soll«, platzte es aus mir heraus. »Das ist alles gerade zu viel für mich.«

»Everything will work out. Wenn du erst mal hier bist, wird sich alles eins nach dem anderen ergeben.«

»Woher weißt du das so sicher?«

»Ich brauche kein Wissen, ich habe Vertrauen.«

»Kannst du mir was davon abgeben?«

»Ganz viel, ich schicke es dir rüber, warte.«

»Danke!«

»Ich vermisse dich!«

Danach war ich ganz ruhig. Die Zweifel waren zwar nicht gänzlich verschwunden. Ich unterdrückte sie aber einfach wie Stimmen aus einem Radio, das man leiser stellt. Helene hatte recht – es gab keinen vernünftigen Grund, Silvester noch hier zu verbringen.

Tobias, Helene und ihre Familie verabschiedeten sich dann einen Tag nach Weihnachten. Es war wie früher: Ich verkniff mir die Tränen, weil ich ja wieder einmal nur meinen Kopf durchgesetzt hatte – oder ich war betäubt von eiskalter Panik. Schwer zu unterscheiden.

Den Flug im Mai würde ich rechtzeitig buchen, versprach ich ihr. Auf keinen Fall wollte ich mir die Geburt von Matildas Geschwisterchen entgehen lassen.

Matilda verstand nicht, was los war. Sie war müde und quakte, ich knuddelte sie trotzdem, bis es Zeit war, sie ins Auto zu setzen.

Am 29. Dezember fuhr ich um zwei Uhr morgens per Mitfahrgelegenheit zum Frankfurter Flughafen.

Es war fünf Uhr dreißig, als ich mit meinem großen Koffer, dem mit den Sommersachen, in die Halle rollte und wartete, bis die Schalter öffneten. In meinen Schuhen trug ich zwei verschiedene Socken – einer blau, einer rot, weil ich keine anderen sauberen mehr in meinem Koffer gefunden hatte. Eigentlich waren die Socken beide schwarz, nur die Zehen und die Fersen waren farblich anders. Ich fand trotzdem, das passte an diesem Morgen. Ich hielt mich für völlig wahnsinnig, aber das hatte ich akzeptiert und ich war zu müde, um noch einmal in Panik zu verfallen. Außerdem würde ich vor der Landung meine Schuhe gegen Sandalen ohne Strümpfe tauschen.

Um sechs Uhr stand ich als Erste am Lufthansa-Schalter: »Wann geht der nächste Flug in Richtung Karibik, und: Gibt es noch einen Platz für mich?«

Die Frau hinter dem Computer zog die Augenbrauen hoch und konzentrierte sich auf ihren Bildschirm. »Da ist nichts mehr frei in den nächsten zwei Tagen, tut mir leid.«

Ich stellte mich beim nächsten Schalter an – man bot mir einen Flug am nächsten Morgen an, aber ich wollte hier nicht übernachten. Ein paar Schalter hatte ich ja noch vor mir.

Weiteres Schlangestehen und das Wiederholen meiner Frage folgten. Und siehe da: Eine halbe Stunde später hielt ich mein Ticket in der Hand – der Flug nach Barbados startete in zwei Stunden. Kein Zurück mehr, kein Platz mehr für Zweifel. Außer vielleicht diesem hier: Was, wenn ich Lennon nicht erreichte? Was, wenn er es nicht zum Jahreswechsel nach Tobago schaffte?

Natürlich hätte ich ihn schon jetzt anrufen können – aber irgendeine Tradition brauchten wir doch: Ich wollte wieder sein überraschtes Gesicht sehen.

Neubeginn

Die Mailbox und ich, wir kannten uns schon gut: »Lennon, ich bin hier. Ich wünsche mir nichts mehr, als mit dir Silvester zu feiern.«

Lennons Freund musste sich fühlen wie ein Liebesbote. Irgendwann würde ich ihm dafür danken mit einem Riesengeschenk oder ein paar Bier.

Ich war zwölf Stunden geflogen bis nach Barbados. Von dort aus per Stand-by-Flug nach Tobago. Mary und Kalique holten mich vom Flughafen ab, ein Anruf genügte. Meine Tobago-Eltern waren wieder für mich da. Es war ein komisches Gefühl, zwischen den Jahren hier in der Karibik zu sein. Ich fühlte mich auch wie zwischen den Stühlen: Ich hatte kein Zuhause mehr, nur noch meinen Koffer.

Es war der 30. Dezember, ich war in Tobago und Lennon war in Trinidad.

Trotzdem schlief ich in dieser ersten Nacht meines neuen Lebens tief und fest.

Auf meinem Handy waren keine Nachricht und kein Anruf von Lennon, als ich aufwachte. Doch ich war weiterhin entspannt und frühstückte erst mal auf dem Balkon. Lennon würde da sein. Ohne Zweifel. Sicher nahm er nicht das schnellere, aber dreimal so teure Flugzeug hierher. Die Fähre von Port of Spain nach Scarborough brauchte drei Stunden.

Mein Handy lag neben mir, aber ich rief nicht noch einmal an. Stattdessen legte ich die Beine hoch, las ein Buch und wartete.

Gegen Mittag rannte Sally bellend zum Tor. Ein Mann stand davor. Die Schäferhündin kannte ihn und sprang schwanzwedelnd am Tor hoch.

Ich lief die Treppe hinunter und zur Einfahrt ...

Lennon kam mir schon entgegen, mit ausgebreiteten Armen. »Ich wusste doch, dass ich dich hier finde.«

Ich warf mich an seine Brust und küsste ihn. Er legte seine Hände an meine Wangen und sah mich an. »Schön, dass du wieder da bist.«

Nur für uns wurden dann um Mitternacht die Feuerwerksraketen gezündet. Das Knallen verkündete, dass Lennon und ich jetzt zusammen waren, endlich wirklich zusammen. Das war unsere Nacht. Wir saßen am Strand, hielten uns fest, sahen in den Himmel und lauschten dem sanften Wellenrauschen, als das Feuerwerk verklungen war. Das Ingwerbier, das wir tranken, hatte Lennons Großmutter selbst gemacht.

Lennon nahm sich eine Orange und pulte die Schale ab.

»Hast du Angst?«, fragte er.

Ich wunderte mich eigentlich gerade nur, warum er ausgerechnet Orangen mitgenommen hatte. »Ich habe grundsätzlich keine Angst«, behauptete ich selbstbewusst, als hätte ich nicht vor ein paar Tagen noch alles für einen Riesenfehler gehalten. »Kurz bevor ich hergekommen bin, hatte ich Angst. Deswegen bin ich ganz schnell ins Flugzeug gestiegen. Hast *du* denn Angst?«, fragte ich zurück.

»Ich habe Angst vor Schlangen.« Er lächelte. »Denen geh ich lieber aus dem Weg.«

Er gab mir eine Hälfte der Orange und steckte sich seine Stücke nacheinander in den Mund. Wir kauten eine Weile schweigend, dann spuckte er die Kerne in seine Hand und hielt sie mir hin. »Fünf Stück.«

Ich sah ihn verwundert an und wartete auf eine Erklärung.

»Das machen wir immer an Silvester. Wenn man in der Neujahrsnacht die Kerne aufhebt, bringen sie Glück.« Er steckte sie in die Hosentasche.

Meine Kerne lagen schon im Sand, aber Lennon hatte bestimmt für genug Glück für uns beide gesorgt.

Ich lehnte meinen Kopf an seine Schulter. Mir war völlig egal, was kam, und ich wusste auch schon gar nicht mehr, wovor ich eigentlich so lange Angst gehabt hatte.

Es stellte sich dann jedoch heraus, dass es doch etwas gab, wovor Lennon sich fürchtete, abgesehen von Schlangen. Er hatte Angst um mich. Deswegen saß ich eine Woche später in seinem Apartment in Port of Spain fest, bis er abends nach Hause kam.

In Belmont, wie der Stadtteil hieß, sei es für eine weiße Frau nicht sicher, allein unterwegs zu sein, sagte er.

Von mir aus, in Ordnung, davon ließ ich mir die Stimmung nicht verderben. Es war ja nur vorübergehend.

Während Lennon früh zur Arbeit ging, schlief ich also aus und machte es mir allein gemütlich, so gut das ging in diesen vier Wänden. Meine Bewegungsfreiheit beschränkte sich die meiste Zeit des Tages auf zwei Räume. Da war das Schlafzimmer mit unserem Ein-Meter-zwanzig-Bett, einem schmalen dunkelbraunen Schrank und meinem Riesenkoffer daneben. Das kleine Fenster ging nach hinten hinaus und bot Ausblick auf die Fenster des Nachbarhauses. Im Bad mit Dusche und WC konnte sich nur ein Erwachsener gerade ausreichend bewegen. Die kleine eichenfarbene Küchenzeile war zum Wohn- und Esszimmer hin offen. Dort standen ein Tisch mit zwei Stühlen und eine graue Couch. Lennons Einrichtung war einfach, aber darauf kam es mir auch gar nicht an.

Ich konnte mich ja ans Fenster stellen und gucken, ob etwas an den Fenstern im Haus gegenüber passierte. Um die Zeit totzuschlagen, beschäftigte ich mich mit Büchern oder meinen Farben auf Papier. Trotzdem war ich froh, als Lennons Schwester an der Tür klingelte, um mit mir in der Stadt herumzufahren.

Lennons Apartment lag in einem Mietshaus im Hinterhof. Das Grundstück war durch eine Mauer zur Straße hin abgesichert. Das hohe eiserne Tor wurde bewacht von zwei Rottweilern, die jeden Besucher mit lautem Kläffen meldeten. Solange ich im Haus blieb, war ich anscheinend wirklich sicher, denn diese Wachhunde ließen niemanden vorbei.

Der Vermieter, der immer zu Hause zu sein schien, sah Lennons Schwester am Tor auftauchen und pfiff seine Hunde zurück. Ich schlüpfte nach draußen und freute mich, sie wiederzusehen. Sie war drei Jahre jünger als er, eine hübsche junge Frau mit den gleichen Augen.

Wir befanden uns an der vielbefahrenen Belmont Circular Road. Die fahrenden Autos kamen gerade so an den parkenden vorbei. Die meisten Häuser wirkten schon etwas älter, alle waren von Mauern, Zäunen und Toren von der Straße abgegrenzt, sodass man sich als Fußgänger zwischen Mauer und Autos entlangschob. Am Ende der Straße lag mitten in der Stadt der Queen's Park Savannah, den ich bisher nur als Ausgangs- und Zielpunkt der Karnevalsparade kannte.

Von hier aus war es nicht weit bis zum Botanischen Garten – das war ihr Lieblingsplatz. Es herrschte eine stickige Hitze auf dem Weg dorthin und ich sehnte mich nach Abkühlung im Meer. Leider war der Strand weit außerhalb der Stadt nur mit dem Auto zu erreichen.

Vom Botanischen Garten aus nahmen wir uns ein Taxi zum Markt. Meine Aufpasserin zeigte mir im Vorbeifahren ein Kloster. »Dort werde ich in Zukunft leben.«

Jeder sucht etwas anderes, dachte ich: Ich wollte den weiten Himmel und das blaue Meer, sie suchte Schutz hinter Klostermauern. Trotzdem konnte ich sie irgendwie verstehen – sie hatte ein sanftes Lächeln und eine ruhige Ausstrahlung. Die hektische Stadt passte jedenfalls nicht zu ihr.

»In drei Wochen werde ich eine Angetraute Gottes. Ich hoffe, du kommst auch zur Zeremonie. Die ganze Familie ist dabei.« Ich war ein bisschen überrascht von der Einladung. Bevor ich antworten konnte, legte sie mir sanft eine Hand auf den Arm. »Du gehörst doch jetzt zur Familie.«

»Natürlich komme ich gern!«

Auf dem Markt lief sie anscheinend ihre gewohnte Route ab. »Hier kannst du Cassava, Avocados und Gurke kaufen«, rief sie mir über die Schulter zu. Oder: »Guck, hier gibt's gute Ananas.« Und: »Ich zeig dir, wo du frische Kokosnuss bekommst.« Sie wusste, welches Obst wirklich einheimisch und welches importiert war, und passte auf, dass ich nicht mehr als den fairen Preis bezahlen musste.

Fürs nächste Mal versprach sie mir einen Ausflug in die Shopping Mall. Das gab es natürlich auch in Port of Spain, vor allem in Hafennähe und entlang des Independence Square: die großen Twin Towers der Zentralbank und des Finanzministeriums, umgeben von zahlreichen hohen Bürogebäuden, Einkaufszentren und Geschäften mit allem, was das westliche Herz begehrte. Gut zu wissen, dass ich immer hierherkommen konnte, wenn es mir auf Tobago zu ruhig und kuschelig wurde oder wenn Eve mich besuchte und sie einen Latte macchiato brauchte. Dann würden wir natürlich nicht allein gehen, sondern nur in Lennons Begleitung, und unseren Diamantschmuck zu Hause lassen. Ich konnte Lennons Angst ja verstehen und das hier war seine Stadt. Aber ich war es gewohnt, eigenständig zu sein, und hatte mir immer zugetraut, auf mich selbst aufzupassen.

Als ich mit meinen Obst- und Gemüseeinkäufen vor unserem Haus aus dem Taxi stieg, war ich völlig fertig. Entweder lag es daran, dass ich hier zu viel Ruhe hatte, oder daran, dass ich in dieser drückenden Hitze manchmal kaum atmen konnte.

Lennon und ich kochten abends gemeinsam. Dabei sah er mich immer wieder kritisch an.

»Was kann ich tun, damit du dich hier wohlfühlst?«

»Ich werd das schon überstehen, bis du einen Job in Tobago gefunden hast.«

»Du bist nicht glücklich hier, ich weiß das. Ich geb mir alle Mühe, glaub mir.«

Solange ich noch in Deutschland war, hatte er sein Leben so weitergelebt, wie es war, das war unser Deal. Er schuftete von früh bis spät und sparte, was er konnte, für unser gemeinsames Leben. Ich wollte nicht, dass er sich wegen mir schlecht fühlte.

»Das weiß ich. Und ich bin glücklich, solange ich mit dir zusammen bin.«

So schlecht war es hier nicht. Ich konnte diese Stadt aushalten, solange Lennon bei mir war. Ich war im Liebesrausch. Endlich konnte ich ihn jeden Tag in den Arm nehmen und mit ihm reden, ohne auf ein Handy angewiesen zu sein.

Am nächsten Morgen schon erwachte ich jedoch aus meinem Liebesrausch, als Lennon längst bei der Arbeit war. Ich war kurz davor, in der kleinen Wohnung an die Decke zu gehen. Das hier war nicht mein Traum vom Leben in der Karibik. Und ich handle, wenn ich unzufrieden bin. Es war neun Uhr morgens, was sollte schon passieren? Da draußen waren überall Menschen, das hier war eine belebte Stadt!

Also nahm ich den Schlüssel, ging hinunter und blieb in der halb geöffneten Haustür stehen, bereit, sie zu schließen, sobald die Wachhunde angestürmt kamen. Die Rottweiler kläfften ohrenbetäubend und machten nicht den Eindruck, als würden sie mich zum Tor vorlassen.

Ich rief in Richtung des offenen Fensters des kleinen Vorderhauses, aus dem ich den Fernseher plärren hörte. »Mister ... Mister ... hello!«

Der Vermieter erschien in seiner Tür und sah mich misstrauisch an, bevor er seine Hunde am Halsband festhielt. Er stellte keine Fragen und ich bekam Ausgang. Bis zum Park waren es nur ein paar Hundert Meter. Ich lief schnellen Schrittes und grüßte niemanden, um ja nicht Gefahr zu laufen, ein männliches Wesen zu »provozieren«.

Ein riesiger Kreisverkehr umschloss den Savannah. Ich überquerte die Straße und erreichte den Eingang zum Park. Mitten im Park unter den großen Schatten spendenden Bäumen hörte ich kaum noch den Straßenlärm. Ich sah hoch in die Baumkronen, während ich einen Fuß vor den anderen setzte, und betrachtete die Wolken im Himmel. War doch alles halb so wild.

Das war meine Bedingung – egal, ob es Lennon gefiel oder nicht. Ein wenig Spazierengehen und Joggen im Park jeden Morgen ließ ich mir nicht nehmen.

»Es ist gefährlich«, sagte er, als wir uns am Abend am Esstisch gegenübersaßen. »Ich will nicht, dass du so ein Risiko eingehst. Aber einsperren werde ich dich nicht.«

»Was soll ich denn machen?« Vor allem, dachte ich bei mir, wie sollten wir uns ein neues Leben aufbauen, wenn Lennon schuftete und mein Bewegungsradius sich auf die vier Wände beschränkte? »Wie lange soll das so bleiben?«

Lennon schob seinen Teller weg und sah zur Seite. Er schüttelte den Kopf. »Pass auf, ich muss dir etwas sagen.«

In dem Moment klingelte mein Telefon.

»Helene!«

»Hast du im Februar Zeit für mich? Sag ja und ich klicke auf ›Buchen‹!«

»Du kommst her? Alle Zeit der Welt für dich!« Ich riss die Augen auf und sah Lennon fragend an. »Wir können doch Helene hier unterbringen ...?«

»Plus Kind!«, rief sie in den Hörer.

»... und Matilda.«

Lennon streckte lächelnd den Daumen hoch.

»Bist du sicher?«, fragte ich Helene. »Der weite Flug, die Hitze, dein Babybauch.«

»Deswegen komme ich ja im Februar, solange das mit dem Bauch noch geht!«

»Dann seid ihr zum Karneval hier!«

»Ja, ich packe auf jeden Fall meine Profischminke ein!«

Als ich das Handy sinken ließ, wurde mir bewusst, was das bedeutete – Karneval war in vier Wochen. Wollte ich denn so lange noch hier in der Stadt bleiben? Freiwillig sicher nicht. Hoffentlich ließ Lennon sich nicht mehr so viel Zeit, seinen Job vor Ort zu kündigen. Ich würde ihn aber sicher nicht drängen.

»Was wolltest du mir sagen?«, fragte ich.

»Ich weiß, dass du nicht in Port of Spain bleiben willst«, sagte er ohne jede Spur von Wut. »Ich hab eine Bekannte meiner Familie gefragt, sie ist Maklerin in Tobago, ob sie ein Haus für uns hat. Ich wollte dich überraschen, sobald sie etwas gefunden hat.«

»Das wolltest du?« Und ich hatte ihm schon unterstellen wollen, dass er es nicht eilig hatte.

»Nur leider hat sie noch nicht ganz das Richtige gefunden. Da gibt es ein Haus in Buccoo, das bisher an Feriengäste vermietet wurde. Es ist nicht zu verkaufen, wir können es nur für vier Wochen mieten. Nicht das, was ich mir vorstelle.«

»Also warten wir, bis sie etwas findet?«

»Aber bis dahin – let's give it a try! Ich nehme mir morgen einen Tag frei, wir nehmen die Fähre und sehen uns das an. Dann wohnen wir eben vorübergehend dort.«

»Was ist mit deinem Job?«

»Ich werde schon was anderes finden. Du hast dein Leben in Deutschland zurückgelassen. Da kann ich auch für dich nach Tobago ziehen.«

So einfach war es für Lennon: Es ist nicht gut – ändern wir das. Er machte Nägel mit Köpfen. Ich war stolz auf ihn, stolz auf uns. Wir gewöhnten uns ja noch aneinander. Ich setzte mich auf seinen Schoß und er sah zu mir hoch. In seinen Augen sah ich reine Liebe ...

Helene sah erschöpft aus nach ihrem elfstündigen Flug und dem Anschlussflug von Tobago nach Trinidad. Wahrscheinlich hatte sie die ganze Zeit über Matilda auf dem Schoß gehabt.

Wir hatten uns gerade mal fünf Wochen nicht gesehen, aber es waren extrem lange fünf Wochen gewesen, nach meinem Gefühl. Ich schloss sie ganz fest in meine Arme und die Babykugel und Matilda gleich mit. Meine Arme waren zu kurz für alle drei.

»Dein Bauch ist aber schon ordentlich groß«, stellte ich fest.

»Danke, du hast aber auch etwas zugelegt«, konterte sie scherzhaft.

Das reichte aus, sofort brannten mir Tränen in den Augen. Die Stadt hier war nicht meins und ich ließ mich hängen. Ich konnte ja hier kaum etwas tun und hatte automatisch ein paar Kilos zugelegt. Ich riss mich jedoch zusammen, bevor die Tränen wirklich liefen. Was sollte Matilda denken? Um mich abzulenken, nahm ich die Kleine mit den verschwitzten Löckchen, die ihr am Kopf klebten, auf den Arm.

»Willkommen in der Karibik, meine Süße«, sagte ich. »So jung und schon so weit gereist, das kann auch nicht jeder behaupten.«

Nachdem ich meiner Schwester gestanden hatte, dass ich es nicht erwarten konnte, diese Stadt hier hinter mir zu lassen, beschlossen wir für den Moment, das Beste aus der Situation zu machen. Dazu waren die beiden ja gekommen. Es musste schließlich einen Vorteil haben, dass wir zur Karnevalszeit noch hier waren.

Die Karnevalsstimmung hob meine Laune und unser Facepainting-Geschäft brummte: Zwei Stühle, Farben und Pinsel und

Lennon passte auf Matilda auf. Wir malten, bis uns die Arme wehtaten. Es war so schön, das mit meiner Schwester auch hier zu haben. Ich glaube, sie hatte geahnt, dass ich sie jetzt brauchte.

Lennon war seine Familie genauso wichtig, das sagte er immer wieder, auch wenn er sie nicht oft sah. Seiner Mutter war ich ein paar Tage zuvor im Kloster zum ersten Mal begegnet, als Lennons Schwester und einige weitere Anwärterinnen zu Bräuten Gottes gemacht wurden. Als sie sich zu Beginn der Zeremonie neben mich setzte, hatten wir noch kein Wort miteinander gesprochen. Sie war eine kleine Frau, die zwar etwas müde, aber sonst viel zu jung wirkte, um Lennons Mutter zu sein. Immer wieder sahen wir uns aus dem Augenwinkel an und lächelten uns zu. Zum Abschied am Ende des Tages umarmte sie mich und küsste mich fest auf die Wange. Die Wärme darin ersetzte die Worte, die sie sich ersparte. Das kam mir von Lennon bekannt vor. Worte waren auch nicht nötig, sie liebte ganz offensichtlich ihren Sohn und schien glücklich, dass er glücklich war.

Trotzdem war ich froh, jetzt Helene bei mir zu haben und mit ihr über wirklich alles ausführlich und immer wieder zu reden und nicht an Worten zu sparen. Als ich merkte, dass Lennon sich irgendwann gedanklich ausklinkte, wenn er abends zu Hause war, redeten wir weiter auf Englisch. Wir drängten uns in dem Apartment zusammen, wenn wir nicht gerade unterwegs waren – Helene und ich passten aufeinander auf und ließen uns mit dem Taxi bis zur Haustür fahren.

Zwei Wochen später luden wir endlich Lennons Auto mit Kisten voll und fuhren mit der Fähre nach Tobago. Von Scarborough aus war es eine Strecke von zwanzig Minuten nach Buccoo. Dort, am Ende des Dorfes, in der Straße, die zur Klippe hochführte, stand unser neues Zuhause.

Wir fuhren durch das Dorf an der Bucht vorbei. Das kleine Haus versteckte sich hinter wild gewachsenen Büschen. Ich öffnete das kleine Gartentor und da war es. Für die einen war es ein möbliertes Ferienhaus – für uns die Möglichkeit, eigene vier Wände zu beziehen, ohne selbst Möbel anzuschaffen. Es war perfekt, wenn da nicht der Haken mit dem vierwöchigen Mietvertrag gewesen wäre. Die Vermieterin, eine Amerikanerin, hatte uns aber per E-Mail bestätigt, dass sie den Mietvertrag ohne Probleme verlängern und nicht einfach Feriengäste einbuchen würde. Ich hatte mich ohnehin schon beim ersten Besichtigen in das Haus und den Garten verliebt.

Unser Strandhaus hatte eine kleine offene Küche, die mit allem Nötigen ausgestattet war. Es gab ein Schlaf-, ein Gästezimmer und ein Esszimmer mit einer nach außen offenen Wand, wie eine Art Loggia. Der verwilderte Garten war ein Paradies mit einer Sitzecke, Hibiskusstauden, einem Grapefruit-, einem Mango- und einem Avocadobaum. Auf dem Grundstück stand zudem eine weitere kleine Hütte – das Urlaubsdomizil der Vermieterin.

Vor allem und endlich hatte ich nun das Meer vor der Haustür. Wenn man den Weg nur ein Stück hinunterging, strahlte einem das blaue Wasser entgegen und in einer Minute war man am kleinen Pier.

Lennon musste am Sonntag zurückfahren – noch wurde er in Port of Spain gebraucht. Helene und ich säuberten das Haus, während Matilda in ihren Windeln durch den Garten stapfte. Auf unseren Spaziergängen durchs Dorf lachte sie über jeden vorbeilaufenden Hund – Streuner gab es hier viele – und über die Ziege, die im Nachbargarten an einer Kette angebunden herumstand.

Am Strand war Matilda nicht zu stoppen und rannte sofort zum Wasser. Als die erste sanfte Welle ihre kleinen Füße umspülte, quietschte sie vor Freude und grinste ihre Mutter an. Ihr Babylachen drückte genau das aus, was ich fühlte. Das war es, weswegen ich alles in Deutschland zurückgelassen hatte. Meine kleine

MEINE KINDHEIT UND JUGEND

Genuss am Frühstückstisch

Schon mit sechs Jahren zeigt sich hier mein Hang zum Styling.

Mit 18 Jahren in Colorado (im Hintergrund die Rocky Mountains)

EINDRÜCKE AUS MEINEM LEBEN

Auf Künstler
reisen nach
Kalifornien m
einer Musica
kollegin 199

Ghana 1997

Licht aus, Spot an:
meine Arbeit beim
Pferdemusical

Weihnachtsmarkt in Köln

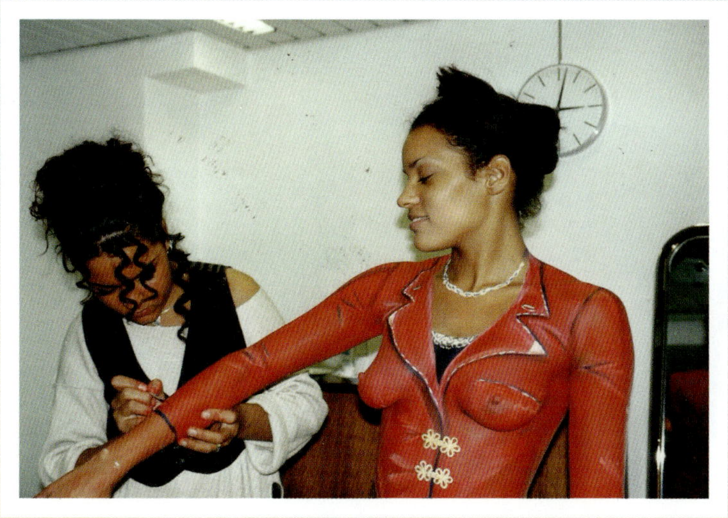

Bodypaintingmesse in Hamburg

Lennon und Princess Julie 2009

Reiterglück bei einer »Being with Horses«-Session 2009

Diese drei Bilder wurden während unseres Förderunterrichts »Healing with Horses« aufgenommen.

Unsere Traumhochzeit

Kalakunjin und Princess Julie 2008

Weitere Eindrücke von unserer Arbeit bei »Healing with Horses«

Aussteiger-Depression fiel von mir ab und wurde von den Wellen fortgespült.

Ich war hier und Lennon hoffentlich auch bald – die Chancen standen gut, dass er bald auf einer Baustelle in Scarborough anfangen konnte. Wir waren nicht mehr auf ein Handy angewiesen, um uns zu unterhalten, und keine Wände und keine Mauern hinderten mich mehr daran, meine Flügel auszustrecken. Über mir schien nur die Sonne am blauen Himmel.

Erste Klasse

»Es gibt etwas, das du wirklich brauchst in Tobago. Etwas, ohne das das Leben hier sinnlos ist«, sagte Lennon. Er kam gerade aus Port of Spain, mit den letzten Sachen aus seinem Apartment. Und er kam, um zu blieben. Jetzt durfte er Stahlträger auf einer Baustelle in Scarborough zusammenschrauben, zumindest für drei Monate.

Ich gab ihm einen Kuss zur Begrüßung. »Dich?«

»Richtig – aber ich meine noch etwas anderes.« Er holte ein Bündel aus dem Auto und ging damit zu dem großen Baum im Garten. Das Bündel hatte lange Seile, die er um den Baum wickelte, dann rollte er den Stoff aus.

»Eine Hängematte! Ist das dein Geschenk zur Einweihung?«, fragte ich.

»Ja!« Er suchte nach einem Halt für das andere Ende der Hängematte. »Warte, ich hab irgendwo einen Haken, den bohr ich in die Hauswand.«

»Wie ist es?«, fragte er zehn Minuten später, als er mich leicht in der Hängematte schaukelte.

»Das fühlt sich genauso an, wie das Leben sein sollte!«

Das Leben fühlte sich großartig an, nicht nur, weil ich mich hier frei und ohne Angst bewegen konnte – und das, obwohl ich unter den fast ausschließlich dunkelhäutigen Einwohnern hier viel mehr auffiel als in Trinidad, wo sich durch den Lauf der Geschichte Menschen aller möglichen Ethnien gemischt hatten. Aber Tobago war im Vergleich zu Trinidad ein Dorf, in dem jeder irgendwie jeden kannte. Man sah hier auch mehr offen stehende Türen als hohe Mauern. Dieser Unterschied wurde mir jetzt, nach den sechs Wochen in Port of Spain, deutlich bewusst.

Mein Aussteigerleben konnte beginnen – auch wenn es nur die erste Etappe war.

Mein Flug nach Deutschland Ende Mai war schon gebucht. Ich ließ mich jeden Tag in den Wellen treiben – und in den Tag hinein. Ich blickte in den blauen Himmel, in die Wolken, die vorüberzogen, und hörte dem Vogelgezwitscher zu. Ich spazierte durchs Dorf, durch die Mangroven oder zum Strand in Mount Irvine. Die Straße dorthin führte am Wasser entlang. Fast jedes Mal sah ich einen oder zwei Pelikane, die sich auf die Wasseroberfläche stürzten und mit einem gefüllten Schnabel wieder auftauchten. Ich konnte auch mit dem Auto zum Yoga-Kurs oder nach Scarborough fahren. Dazu brauchte ich kein eigenes Auto, denn es hielt immer irgendjemand an, sobald man an der Straße die Hand ausstreckte. Viele Menschen waren hier täglich auf diese Art unterwegs. Und die privaten Taxifahrer freuten sich immer über ein kleines Entgelt.

Bei den Leuten im Dorf schien Lennon sofort einen Stein im Brett zu haben. Als wir uns bei den Nachbarn vorstellten, bot er jedem seine handwerkliche Hilfe an. Aber ich machte mir nichts vor: Natürlich sah man mich anders an, ich war eine Weiße. Ich gehörte nicht dazu. Aber das war okay, es konnte sich ja mit der Zeit noch ändern.

Ich hatte dann trotzdem das Gefühl, dass sie sich mit der Zeit an mich gewöhnten und mich akzeptierten, so wie ich mich daran gewöhnte, in der Mittagssonne im Schatten zu bleiben und lieber nicht zu lange am Strand zu sitzen wegen der Sandflöhe, deren Bisse fieser und länger juckten als die der Moskitos, die gleichfalls nicht aufhörten, mich zu stechen.

Aber in meiner Hängematte konnte ich ja auch nicht ewig liegen. Ich musste etwas tun, damit ich nicht mürbe im Kopf wurde. Mit Fundstücken von meinen Spaziergängen und Nylonschnur aus dem Angelladen fing ich an, Traumfänger zu basteln – das hatte ich auf meiner Reise durch Kalifornien gelernt. Einen schenkte ich Mary und Kalique, die anderen brachte ich in den kleinen Geschenkeshop im Dorf. Die Besitzerin, eine Kanadierin, kaufte sie mir sofort ab.

Ich strich unsere Gartenmauer rosa – mit Erlaubnis der Vermieterin – und schrieb unsere Namen auf ein Schild – »Danzer & La Fortune«. Und weil der Mann am Bootshäuschen mich immer so nett grüßte, schlug ich ihm vor, das Haus neu zu bemalen und zu beschriften. Ich fragte auch an den Imbiss-Häuschen nach – so war ich schon mal so etwas wie die Schildermalerin im Dorf.

Lennon beschloss, mit mir nach Deutschland zu fliegen. Wir sagten der Vermieterin Bescheid, dass wir länger weg seien. Während dieser Zeit kamen Feriengäste ins Haus und so sparten wir die Miete.

Wir packten also all unsere persönlichen Sachen wieder in Kisten und Koffer und lagerten sie in der Hütte der Vermieterin. Acht Wochen in Deutschland lagen vor uns. Es war das Jahr, in dem die Deutschen der Fußballweltmeisterschaft im eigenen Land entgegenfieberten – und es wurde unser ganz persönliches Sommermärchen.

Lennon war noch nie so weit geflogen und sicher hatte er auch noch nie so gefroren wie am Flughafen in Frankfurt.

»Wenn das der Sommer ist, möchte ich nie im Winter hier sein«, sagte er und rieb sich die Arme. Dankbar nahm er die Jacke, die mein Vater ihm vorsorglich mitgebracht hatte. Ein ungewohnter Anblick. Ich kannte ihn ja nur in T-Shirt und Bermudas.

»Sommer ist nicht gleich Sommer – nicht in Deutschland«, erklärte ich. Bayern konnte im Sommer so schön sein – das wollte ich Lennon zeigen, ich freute mich zum Beispiel auf die Radtouren. Die 18 Grad waren jedoch wirklich nicht gerade sommerlich.

Wenn das Wetter so blieb, müsste ich ihm fürs Fahrrad noch Handschuhe besorgen.

Ein paar Tage später wurde es zum Glück endlich warm. Wir suchten nach einem schönen Platz in der Sonne und radelten an einem Badesee mit FKK-Wiese vorbei. Lennon begutachtete die Szene. Ich sah seinen irritierten Blick, als wir langsam an den nackten Körpern vorbeirollten. Plötzlich trat er wie der Teufel in die Pedale.

»So kann man dich also schocken«, sagte ich, als ich ihn lachend eingeholt hatte. »Das ist doch nichts Schlimmes.«

In Trinidad und Tobago hingegen waren die Menschen wirklich nicht freizügig. Nur die Touristen gingen im Bikini an den Strand.

»Die können machen, was sie wollen, aber das ist nichts für mich. Ich wäre gern lieber irgendwo, wo die Menschen angezogen sind.«

Wir hielten an einem Biergarten und ich war dran, das Bier für uns zu holen. Mit zwei Maß kam ich zurück. Er betrachtete den Krug beeindruckt, wog ihn in der Hand und kostete. »Das ist eher was für mich.«

Am nächsten Morgen bekam ich einen Anruf. Bei Helene hatten die Wehen eingesetzt. Die werdende Oma und gleichzeitig Hebamme war vor Ort, um ihr bei der Hausgeburt zur Seite zu stehen.

Ich holte sofort die kleine Matilda ab. Lennon und ich verbrachten einen schönen Tag mit ihr im Freibad. Die beiden planschten unentwegt, während ich ihnen zusah. Sobald Lennon in der Nähe war, ließ sie ihm keine ruhige Minute, ich war dann abgemeldet. Ich blickte immer wieder aufs Handy und wartete auf die erlösende Nachricht.

Am Abend konnten wir endlich alle die kleine Maria begrüßen. Sie war genauso süß wie ihre große Schwester. Die beiden könnten sich bestimmt ihr ganzes Leben lang aufeinander verlassen, so wie ich auf meine kleine Schwester.

Lennon aß kein Schweinefleisch, grundsätzlich nicht. Auf dem Volksfest in Erlangen gab es jedoch nichts als Bratwurst und Weißwurst zu essen. Er musste sich etwas überlegen, wenn er nicht verhungern wollte, während ich die ganze Woche am Facepainting-Stand beschäftigt war. Am zweiten Tag nahm er sich deshalb einen Campingkocher mit, holte sich von der Frau am Backfischstand rohen Fisch und kochte sich in unserer Verkaufsbude im Hintergrund eine Fischsuppe, während ich vorn die Kinder schminkte.

Lennon zog die Blicke auf sich. Er ließ sich seit einem Jahr die Haare wachsen. Seine Dreadlocks waren erst wenige Zentimeter lang. Dennoch fiel er damit auf, besonders den Frauen. Ständig schien er in ein Gespräch verwickelt. Für mein Geschäft war das jedenfalls nicht schädlich. Ich verdiente ziemlich gut in dieser Woche.

Dann begann die Fußballweltmeisterschaft. Trinidad und Tobago spielte in der Vorrunde gegen England und wir fuhren nach Nürnberg, um das Spiel auf der Leinwand auf dem Rathausplatz zu verfolgen. Hunderte Menschen waren dort, das Wetter war gut und die Stimmung auch. Wir entdeckten sogar einige Zuschauer mit rot-weiß-schwarzer Flagge.

Lennon kam mit einem Deutschen ins Gespräch, der ihn fragte, ob er Steel Pan spielen könne. Der Mann hatte das Motto »Karibik« für eine Firmenfeier ausgesucht. Lennon musste passen, schlug ihm aber vor, karibisch zu kochen. Der Mann überlegte nicht lange und mit einem Handschlag heuerte er Lennon für die kommende Woche an.

Trinidad und Tobago verlor 0:2 gegen England.

Die bemalten Gesichter brachten uns auf eine Idee. Am nächsten Tag kamen wir wieder zum Fanfest, diesmal mit Farben, einem Klapptisch und Stühlen. Viele Menschen wollten sich die

Landesflaggen aufs Gesicht oder den Arm malen lassen und ich kam fast nicht hinterher. Lennon hatte zwar noch nie ein Gesicht bemalt, aber von dieser Tatsache ließ er sich nicht zurückhalten. Er nahm sich Pinsel und Farben sowie den nächsten Kunden und murmelte mir zu: »Eine Flagge, das krieg ich hin!« Das Geschäft lief so gut, dass wir es am nächsten Tag wiederholten.

Eine Woche später kochten Jean, die wir uns zur Unterstützung geholt hatten, Lennon und einige Küchenhilfen auf besagter Firmenfeier dann für dreihundert Personen: Gemüsecurry, Dumplings, Kartoffelsalat im karibischen Stil, Basmatireis und sogar Schwein, was Lennon durchaus zubereiten konnte. Das Essen wurde immer wieder nachverlangt.

Jean gab für die Gäste auch eine Gesangseinlage. Nachdem die Küche geschlossen war, tanzten wir bis in die tiefe Nacht. Der Veranstalter war glücklich. Das Honorar machte Lennon genauso stolz wie die Tatsache, dass das Essen offensichtlich allen geschmeckt hatte.

Die acht Wochen waren dann plötzlich vorbei. Am letzten Tag hielt ich meine kleine Nichte im Arm, streichelte ihren weichen Haarflaum und konnte mich gar nicht von ihr trennen. Ich vermisste sie jetzt schon – sie und alle anderen. In diesen Wochen mit Lennon in Deutschland hatte ich mein Heimatland mit etwas anderen Augen gesehen. Und ich wollte nicht, dass diese schöne Zeit schon vorbei war. Also klammerte ich mich noch ein bisschen länger an Maria fest, die mit ihrer Hand meinen kleinen Finger festhielt.

Als Lennon mich erinnerte, dass wir jetzt zum Zug müssten, gab ich sie schweren Herzens her und schnappte mir Matilda, um sie zu kitzeln. Ich verstand mich selbst nicht mehr. Ich hatte ein Haus im Paradies und trotzdem wünschte ich mir, hierbleiben zu können. Vielleicht war ich doch nicht für das Inselleben geschaffen.

»Wir sehen uns in einem halben Jahr«, sagte Helene und umarmte mich, als wir mit den Koffern in der Tür standen. Es war verrückt – das Touristenvisum war gewissermaßen mein Back-up und ich freute mich darauf, schon zum Karneval wieder hier zu sein.

Lennon sah mich ernst an, als ich schweigsam am Flughafen neben ihm saß. »Ich kann dich verstehen – all das kannst du nur hier haben.«

»Vielleicht brauche ich beides.« Ich lehnte mich seufzend an ihn, während wir auf das Boarding warteten. Ich wollte doch nur glücklich sein, mehr nicht.

Aber wenn ich hier glücklich war, warum suchte ich mein Glück dann in der Ferne?

Eine Durchsage riss mich aus meinen Gedanken. Lennon sah mich an. »Das war dein Name.«

Ich ging zum Schalter.

»Frau Danzer, sind Sie in Begleitung?« Ich winkte Lennon heran. »Möchten Sie beide gern erster Klasse fliegen? Wir haben da noch Plätze frei.«

War das jetzt ein Zeichen dafür, dass das Glück auf meiner Seite war?

Nach einem Glas Sekt kuschelten Lennon und ich uns im Flugzeug in die großen Sitze der ersten Klasse. Ich fühlte mich angenehm müde und gar nicht mehr verwirrt.

Dann war es eben so: Mit einem Bein war ich immer noch in Deutschland. Hier lebte meine Familie, waren meine Maskenbildner-Jobs, die Messen und Märkte, wo ich Geld verdiente, und immer noch die Kisten auf dem Dachboden meines Vaters.

Dann war ich eben unentschieden. Dann war ich eben noch nicht endgültig ausgewandert und ausgestiegen. Aber mein Herz flog mir doch schon voraus, während ich die Beine noch in der ersten Klasse ausstreckte. Nach Tobago, wo meine Hängematte hing, wo mein Leben mit Lennon war.

TEIL 3

»Wer um das Höchste ringt, von Sonn' und Geist beschwingt, der wird niemals verzagen in allen Lebenslagen, Unmögliches gelingt.«

Verfasser unbekannt

Jennifer

Ein Traum von früher kam zurück – einer meiner ersten Träume. Ich war wieder ein kleines Mädchen und träumte von einem eigenen Pferd, seit ich zum ersten Mal von Jennifer gehört hatte. Jennifer.

Ein paar Wochen nach unserer Rückkehr nach Buccoo fand ich eine Einladung im Briefkasten. Am Tag der Deutschen Einheit wurden alle in Tobago gemeldeten Deutschen zu einem Fest bei der Deutschen Botschaft in Trinidad eingeladen.

Dort lernte ich Manfred kennen. Er hatte ein großes Grundstück im Norden Tobagos, das er verkaufen musste. Es gab ein Problem – ein Pferd lebte dort, wild, und er wusste nicht, wohin damit.

»Ich hab einen großen Garten, da ist Platz«, sagte ich halb im Scherz zu ihm, als er mir davon erzählte.

»Das wäre perfekt!« Manfred sprang sofort darauf an. »Guck sie dir an, sie heißt Jennifer, eine Stute – du kannst sie haben.«

»Einfach so?«

»Ja, ich schenk sie dir! Niemand will sie haben, wie gesagt, dieses Pferd hat seit sieben Jahren kaum Kontakt mit Menschen gehabt.«

Jennifer war ein Englisches Vollblut. Auf dem riesigen Grundstück lebten außer ihr noch ein paar Schafe und ein alter Mann in einer verwahrlosten Hütte, der ihr ab und zu ein paar aufgeschlagene Kokosnüsse hinlegte. Ein Pferd, das so lange allein gelebt hatte, wild, ohne jemanden, der sie fütterte, bürstete und streichelte, musste einfach etwas Besonderes sein.

Ich fuhr drei Stunden mit dem Bus von Scarborough nach Speyside und machte mich auf die Suche nach dieser scheuen Stute. Ich wollte ihr Vertrauen gewinnen, irgendwie. Alles, was ich dazu brauchte, war Zeit und die hatte ich.

In der Zwischenzeit steckte ich viel Zeit in unser Haus. Stück für Stück erneuerte ich den Anstrich und bemalte die Wände, im Garten pflanzte ich Gemüse an. Das Strandhaus wurde immer mehr unser Nest, denn der Mietvertrag wurde nun doch auf ein Jahr verlängert. Wir lernten Janet kennen – die Vermieterin aus Vermont, die uns schließlich sogar half, die Terrasse zu gestalten. Lennon betonierte die Fläche und wir legten ein Mosaik aus Porzellanteilchen, Steinen und Muscheln.

Außerdem kümmerte ich mich um unsere zwei Hunde. Meheijra mit dem Hindu-Namen war schon grau und lag den ganzen Tag in einer schattigen Ecke. Timothy hinkte und war auf einem Auge blind. Davon abgesehen erinnerte er mich an Wichtel. Der Besitzer der beiden war verstorben. Ich kannte den Mann und seine Hunde von meinen Spaziergängen. Es gab hier schon genug Streuner, die beiden wären allein verloren gewesen.

Jeden Freitag aber fuhr ich drei Stunden mit dem Bus zu Jennifer. Meistens war sie mit den Schafen zusammen und immer galoppierte sie erst einmal weg. Nach ein paar Wochen reagierte sie jedoch schon auf das Rascheln der Tüte, wenn ich Bananen, Mangos oder Kokosfleisch herausholte, und näherte sich neugierig ein paar Schritte. Niemals kam sie allerdings so nah, dass sie mir aus der Hand gefressen hätte.

Erst Wochen später nahm sie zum ersten Mal etwas aus meiner Hand. Zwar ängstlich und angespannt und sobald sie die Frucht zwischen den Zähnen hatte, zog sie ihren Kopf sofort zurück, für mich jedoch war es wie ein Wunder. Ich redete mit ihr und wollte sie so gern berühren, aber schon eine Handbewegung ließ sie zurückscheuen.

Endlich konnte ich sie aus der Nähe betrachten: Über ihre Nase lief eine schmale weiße Blesse, von ihrer Stirn bis zu ihren Nüstern. In ihren dunklen Augen sah ich große Neugier.

Jennifer wirkte körperlich stark, unverwüstlich. Bald schon lief sie mir in einigem Abstand hinterher, nachdem sie ihr Futter bekommen hatte. Ich sagte ihren Namen laut vor mich hin, schnalzte und während wir durch ihren Regenwald spazierten, erzählte ich ihr, dass sie bei mir wohnen könne, sodass sie nicht mehr allein wäre. Ich würde ihr Fell pflegen und jeden Tag mit ihr am Strand spazieren gehen.

Ich blieb immer wieder stehen. Wenn sie ruhig abwartete, näherte ich mich ihr, langsam, mit kleinen Schritten von der Seite. Bis sie es zuließ, dass ich sie am Rücken berührte, am Hals, an den Ohren. Sie zuckte beim ersten Mal heftig zusammen, als ich meine Hand zu ihrem Bauch hinunterwandern ließ.

Ich versuchte es nicht noch einmal.

Nachtwanderung

Es wurde Zeit, eine Entscheidung zu treffen. Acht Monate, nachdem ich Jennifer zum ersten Mal gesehen hatte, beschloss ich, es zu wagen. Lennon musste arbeiten – er hatte einen Job als Schreiner gefunden – und konnte mir nicht helfen. Das wollte ich auch gar nicht, es war allein meine Mission.

Der 27. Juli 2007 ging einer Vollmondnacht voraus – für den wahrscheinlichen Fall, dass Jennifer und ich es nicht bis zum Sonnenuntergang schaffen würden. Manfreds Frau und ihre fünfzehnjährige Tochter Lisa holten mich früh am Morgen ab. Ich hatte Putzzeug, ein einfaches Halfter und einen abgenutzten Sattel dabei, den mir der junge Mann vom Pferdestall geschenkt hatte. Ich hoffte, dass Jennifer ihn tragen würde. Daran wollte ich die Wasserflaschen hängen. In meine Gürteltasche hatte ich nur das Allernötigste gesteckt: Moskitospray und Snacks in Form von getrocknetem Kokosfleisch und Erdnüssen.

Während der Fahrt nach Starwood im Norden der Insel sah ich aus dem Fenster. Ich war ruhig. Die Strecke war schön wie immer. Wir fuhren an der Küste entlang und hörten Vangelis und Enya. Später führte die Straße hoch in die Berge durch kleine Dörfer und unbewohnte Gegenden – dann gab es links und rechts der Straße nichts als riesige Bäume und dichtes Grün. Ein letztes Mal versuchte ich mir den Weg einzuprägen. Meist gab es nur eine Straße, da konnte ich mich nicht verlaufen, aber ein paar Abzweigungen musste ich mir doch merken.

Manfreds Frau parkte den Wagen dort, wo der schmale Sandweg anfing, der auf das Gelände hochführte. Ich wollte bei den Vorbereitungen allein mit Jennifer sein.

Sie graste beim kleinen Haus, in dem der alte Mann wohnte, und schien schon zu warten, als wüsste sie, was für ein Tag heute war. An das Striegeln und Kämmen hatte ich sie schon gewöhnt. Sie ließ es sich gefallen, solange ich an ihrer Seite nicht bis zum Bauch hinunter strich.

Als ihr Fell glänzte, zeigte ich ihr den Sattel. »Kennst du so was noch?«

Sie stupste mit ihren Nüstern daran. Vorsichtig legte ich ihn auf ihren Rücken. Sie wehrte sich nicht, also machte ich mich am Gurt zu schaffen. Sie zuckte zusammen, als ich ihren Bauch berührte.

»Alles gut, ich muss den festmachen.«

Behutsam schnallte ich den Bauchgurt um. Dann kam das Halfter dran – keine Trense, kein Gebiss, nur ein einfaches Halfter, damit ich irgendetwas hatte, um sie zu halten. Wieder gab ich ihr Zeit, es zu beschnuppern. Erst zeigte ich ihr eine Mango als Belohnung, streichelte sie am Hals, streifte dann langsam das Halfter über ihr Maul, ihre Nase, ihre Ohren. Sie hielt still.

»Zeit, deinem Regenwald hier Auf Wiedersehen zu sagen.«

Ein Pferd braucht einen stark und verlässlich wirkenden Anführer. Nur wenn ich ruhig und sicher wirkte, würde sie mir folgen. Mit dem Führstrick locker in der Hand schnalzte ich, sie lief neben mir her und nebeneinander nahmen wir den Weg hinunter in Richtung Bucht. Jennifer schnaubte gelassen, ich war aufgeregt. Sie schien mir wirklich zu vertrauen.

»Wenn du mitkommen willst, dann los. Wir halten nicht an«, rief ich Lisa entgegen, die am Auto wartete. Jennifer und ich waren schon im Marschschritt – kein Zögern, kein Innehalten. Ich lief entschlossen am Auto vorbei.

Manfred winkte uns hinterher und stieg ins Auto, während Lisa neben mir herlief.

Meine Uhr zeigte zehn Uhr an, als wir den Weg erreichten, der von Belmont nach Speyside führte, umgeben von dichtem Farngestrüpp, Bananenbäumen und Urwald-Riesen. Die Sonne prallte ungehindert auf uns herab, am blauen Himmel zogen nur kleine Wolken entlang. Ich hatte mir ein Kopftuch gegen die Sonne umgewickelt, Lisa trug einen Strohhut. Insekten zirpten und die Vögel zwitscherten. Das Rauschen des Atlantiks war schon hier oben schwach zu hören.

Wir nahmen die Abzweigung vor Speyside hoch in die Berge. Zum ersten Mal seit Jahren klapperten Jennifers Hufe auf einer geteerten Straße. Ein Bus rauschte von hinten heran, das Motorbrummen wurde immer lauter und Jennifer immer unruhiger. Ich hielt sie fest am Halfter, legte eine Hand auf ihren Rücken und redete auf sie ein, als sie ihren Kopf herumreißen und flüchten wollte. Sie beruhigte sich erst wieder, als der Bus außer Sichtweite war.

Die Straße stieg dann ordentlich an. Lisa marschierte voraus, Jennifer und ich hinterher. Hinter jeder Kurve folgte die nächste Kurve. Auf der einen Straßenseite war dichtes Grün, die Büsche türmten sich auf und Bäume ragten hoch über uns hinauf, hier zumindest war es schattig. Auf der anderen Seite war kein halber Meter Platz neben der Straße, bevor es tief hinabging. Dort ragten die Baumkronen riesiger Bäume von weit unten bis zu uns herauf. Wir liefen auf der linken Seite – und natürlich schoss dann ein Auto hinter uns um eine Kurve, die wir gerade umrundet hatten. Es musste scharf bremsen. Der Fahrer hupte und Jennifer ging fast durch. Ich beachtete ihn jedoch gar nicht und konzentrierte mich ganz auf Jennifer.

Sie beruhigte sich, als das Auto verschwand, und ich betete, dass sich das nicht wiederholte. Hier oben waren so wenig Autos unterwegs und ich hoffte, dass die wenigen, die uns noch begegneten, vorsichtiger fuhren. Niemand rechnete hier mit Fußgängern auf diesem Weg, geschweige denn mit einem Gespann aus zwei Frauen und einem Pferd, das die halbe Straße einnahm.

Die Straße ging dann in einen Schotterweg über. Wir waren allein auf unserem Weg durch die Berge von der Atlantikseite rüber nach Charlotteville auf der anderen Seite. Es vergingen zehn Minuten oder mehr, bis uns ein Auto entgegenkam, dann war es wieder ruhig.

Manfreds Ferienhaus lag an der Bucht von Charlotteville. Wir beschlossen, dort nur eine kurze Pause einzulegen, um ein wenig auszuruhen. Jennifer fraß Gras, Wasser wollte sie nicht trinken.

Je länger wir liefen, desto schweigsamer wurde Lisa. Die Hitze drückte und wir waren froh über jede Trinkwasserstelle am Straßenrand. Die gab es hier häufig. Sie dienten der Wasserversorgung in den Bergen – besonders hier oben hatten viele kein fließendes Wasser. Ich hatte auf meinen Fahrten auch schon Menschen gesehen, die sich dort wuschen – die typische Tobago-Shower.

Bis auf ein paar Autos, an die sich Jennifer nach ein paar Stunden gewöhnt hatte, begegneten wir einer Kuh, die auf einem kleinen Stück Wiese stand, und einer Ziege, die am Straßenrand angepflockt war. In den Dörfern kreuzten Hunde und Katzen unseren Weg. Die kleinen Ortschaften, durch die wir in der Hitze des Nachmittags liefen, wirkten wie ausgestorben. Wir begegneten nur wenigen Menschen, die uns meist stumm hinterherblickten. Andere riefen uns zu: »Ist das ein Pferd?« Das fragten sie tatsächlich, auch wenn es meist nur eine Feststellung war. Ein Autofahrer bremste auf unserer Höhe ab und kurbelte das Fenster herunter. »Du musst es reiten!«, rief er, lachte und fuhr weiter.

Jennifers Schritte wurden schon langsamer. Bis auf ein paar Ziegen, die in einer Bauruine herumsprangen, gab es nun keine Ablenkung mehr. Ich fütterte Jennifer zwischendurch mit getrocknetem Kokosfleisch. Das gab Energie. Ich schob mir auch ein paar Stückchen in den Mund.

Ich musste auf jeden Schritt achten, damit Jennifer mir nicht auf die Füße trat und ich kein Schlagloch übersah, in das sie aus Versehen treten konnte. Sie war solchen Untergrund nicht gewohnt. Eine Verletzung konnten wir nicht gebrauchen.

Lisa war mittlerweile hochrot im Gesicht und schien nicht mehr so leicht mit mir Schritt halten zu können.

Etwa vier Stunden mussten vergangen sein, seit wir in Charlotteville waren, da entdeckte ich eine Frau am Straßenrand – meine Yoga-Freundin Jenny wartete schon auf uns. Sie führte uns einen Weg hinauf zu ihrem Haus in den Bergen. Hier lebte die Engländerin wie eine Einsiedlerin ohne Strom und fließendes Wasser. Sie hatte mir mal erzählt, dass sie hier oft unter den Bäumen sitze und meditiere. Heute sah ich ihren Garten zum ersten Mal. Es war irgendwie magisch hier – ein Ort der Ruhe und Energie. Ich machte zwar selbst jeden Tag Yoga, aber Jenny war eine wirklich spirituelle Frau.

Nach einer guten halben Stunde auf ihrer Terrasse mit Tee aus Lorbeerblättern, Obst und Keksen fühlte ich mich wieder fit genug, um weiterzugehen. Wenn ich ein Ziel vor Augen hatte, war ich nicht aufzuhalten. Lisa sah nicht mehr so aus, als könnte sie noch mitziehen – sie kam nur schwer aus ihrem Liegestuhl hoch.

Jennifer folgte mir mit ein bisschen Überredungskunst. Sie hatte wieder nichts getrunken und nur Gras gefressen.

Ich sah nur die nächste Etappe auf unserem Weg: Parlatuvier. Schweigend liefen wir nebeneinander her, die Hufe klapperten auf der Teerstraße. Wann immer genug Platz war, ließ ich Jennifer auf dem Sand oder Gras neben der Straße laufen, um ihre Hufe zu schonen. Sie ließ den Kopf hängen und Lisa fing an, über Schmerzen zu klagen. Wir waren seit acht Stunden unterwegs und die Sonne verschwand langsam hinter den Bäumen. Meine

Füße fingen auch an wehzutun, aber es musste weitergehen, so sehr mir die beiden auch leidtaten. Immer wieder stehen zu bleiben, brachte uns nicht weiter. Ich schob Jennifer am Hinterteil an, wenn sie Anstalten machte zu protestieren, und beschwor Lisa: »In Parlatuvier machen wir eine lange Pause – bis dahin schaffst du es noch.«

Kurz darauf erschienen die ersten Häuser am Straßenrand – das musste Parlatuvier sein. Ich führte Jennifer auf eine einladende Wiese am Straßenrand. Lisa brach fast auf der Stelle zusammen und legte sich der Länge nach hin. Ich aß Erdnüsse und trank aus meiner Wasserflasche, während Lisa neben mir tiefe Atemzüge nahm und sich Wasser ins Gesicht kippte.

Während es dämmerte, schloss ich die Augen für ein paar Minuten.

Ich döste bestimmt eine halbe Stunde, denn als ich aufwachte, saßen wir im Licht einer Straßenlaterne. Jennifer stand noch immer ruhig neben uns und graste. Nach etwa einer Stunde weckte ich Lisa und fütterte Jennifer wieder mit Kokosfleisch. Wir mussten weiter.

Auch ohne Sonne war es kaum kühler geworden, die Hitze war noch immer erdrückend. Wir liefen langsam weiter, Lisa hielt sich an Jennifer fest. Sie war blass. Zwei Minuten später stand sie würgend am Straßenrand. Bis nach Castara, wo Lisas Vater auf uns wartete, würde es noch eine Stunde dauern.

»Jennifer, es tut mir leid, aber du musst Lisa tragen.« Ich hielt das Halfter fest und half dem Mädchen auf Jennifers Rücken. Entweder verstand sie tatsächlich den Ernst der Lage oder sie war zu schwach, um sich zu wehren.

»Du schaffst es bis Castara«, sagte ich zu Lisa. Die gab ihr Bestes, riss sich zusammen und schwieg.

Lisas Eltern waren meine Rettung. Manfred trug seine Tochter ins Auto, als wir über eine Stunde später Castara erreichten.

Ich schnallte den Sattel ab, um es Jennifer leichter zu machen, und legte ihn ins Auto. Außerdem musste ich etwas gegen ihre abgeriebenen Hufe tun. Manfred opferte eine alte Jeans, die ich im Auto fand. Ich wickelte Fetzen davon um Jennifers Hufe, band sie mit einer Schnur fest und hoffte, dass die improvisierten Schuhe so hielten.

Da hielt ein Polizeiauto neben uns.

»Was macht ihr da?«, fragte einer der Polizisten durch das heruntergekurbelte Fenster. Ich erklärte ihm, dass mein Pferd abgeriebene Hufe habe, weil wir schon seit heute Morgen unterwegs seien und noch ein paar Stunden bis nach Buccoo vor uns hätten.

»Bis nach Buccoo?« Er lachte laut und ungläubig. »Also, guten Weg noch!« Dann fuhren sie weiter.

Ich war so müde und hätte mich am liebsten zu Lisa ins Auto gesetzt. Aber zum Glück hatte Manfred sich vorgenommen, mich ab hier zu begleiten. Das gab mir neue Energie. Außerdem kannte er sich gut auf den Straßen aus und das beruhigte mich noch mehr. Bisher war die Chance, sich zu verlaufen, nicht so groß gewesen, aber jetzt lagen einige Kreuzungen vor uns.

Es herrschte zwischenzeitlich eine seltsame Stimmung: das Mondlicht, Knacken und Rascheln im Gebüsch, die nächtlichen Grillen, unser Atem und unsere Schritte. Es kamen uns nun noch weniger Autos entgegen als am Tag. Die Scheinwerfer blendeten, ich kniff jedes Mal die Augen zusammen. Ich traute mich nicht, im Gras zu gehen, aus Angst, auf eine Schlange zu treten.

Meine Augenlider wurden immer schwerer. Das Gehen war so monoton, dass ich Mühe hatte, meine Augen offenzuhalten.

Jennifer wollte irgendwann einfach nicht mehr. Mit jedem Schritt schien sie zu überlegen, endgültig stehen zu bleiben, um sich nie wieder zu bewegen. Ich schob sie am Hinterteil und Manfred zog. Die Stunden vergingen und wir kamen immer mühsamer vorwärts.

Langsam dämmerte es wieder. Die Morgenluft war angenehm. Das half bei jedem Atemzug. Wie beim Yoga konzentrierte ich mich auf den Atem, um die Anstrengung auszublenden.

Der Himmel war blassblau, als wir am Mount-Irvine-Hotel vorbeikamen. Damals war ich von hier aus mit Lennon nach Buccoo gelaufen. Es war also nicht mehr weit.

»Wir sind bald da, es ist nicht mehr weit.« Das spornte mich selbst an. Diesen Weg war ich schon oft gegangen. Das Ziel war zum Greifen nah. Dazu der Morgen, die Sonne, die Vögel, die aufgeregt zwitscherten.

Jennifer protestierte immer wieder, sie wusste ja nicht, dass sie es fast geschafft hatte. Ich bog auf den Feldweg nach Buccoo ab. Zwanzig Minuten noch. Ab hier wollte ich allein gehen. Manfred beschloss, bis nach Hause nach Canaan zu laufen, statt sich ein Taxi zu nehmen.

»Go on, go on, gleich hast du es geschafft«, wiederholte ich wie ein Mantra, während ich mir schon den Himmel zu Hause vorstellte: sitzen, liegen, nicht mehr weitergehen. Außerdem eine kalte Dusche und dann sauber ins Bett gehen. Mein himmlisches Bett.

Ein Polizeiauto parkte vor Shirleys Imbiss, der zu dieser Zeit geschlossen war. Ich erkannte den Polizisten.

Er lehnte am Wagen, hob den Daumen und nickte beeindruckt. »Eine lange Strecke habt ihr da hinter euch gebracht!«

»Noch nicht ganz!«, gab ich zurück.

Wir erreichten die Kurve am Fischerhafen. Das war unser Zieleinmarsch – und er führte ein letztes Mal bergauf. Ich zählte meine Schritte und machte mir diesen Morgen bewusst. Es war ein neuer Tag, der hier für uns begann, und gleichzeitig hatten Jennifer und ich einen langen Tag hinter uns.

»Veronika, was machst du?«, fragte William aus unserer Straße. Die Menschen hier waren Frühaufsteher.

»Wir sind gelaufen, von Speyside bis hierher«, rief ich ihm zu. Wir hatten es geschafft, wir hatten es wirklich geschafft. Das konnte uns niemand nehmen.

Er schüttelte den Kopf und lachte laut. Ich stimmte erleichtert ein.

»Sieh dir das an!«, sagte ich zu Jennifer. Lennon war tatsächlich noch fertig geworden mit der Pferdebox. Das Dach und die halb offenen Seitenwände bestanden aus Zedernholzschindeln, die er geschenkt bekommen hatte. Ein Eimer stand bereit mit geschrotetem Mais.

Ich fiel auf der Stelle ins Gras, meine Beine wollten nicht mehr. Jennifer musste es auch so gehen, aber sie blieb stehen, senkte den Kopf zum Boden und fraß gierig das Gras. Pferde sind Fluchttiere. Wenn sie sich zum Schlafen hinlegen, dann nur eine kurze Zeit lang, bewacht von der Herde.

Lennon kam aus der Tür. Er gab mir einen Kuss und betrachtete abwechselnd Jennifer und dann wieder mich.

»Alles okay bei dir? Du musst völlig fertig sein.«

Ich nickte nur, weil ich zu nichts anderem mehr fähig war.

Magische Begegnungen

Jennifers Hufe klapperten auf dem Asphalt auf unserem Weg zum Strand. Vor dem Haus an der Ecke saß zuverlässig immer das alte Pärchen vor der Tür. Die beiden schienen schon auf die verrückte Deutsche, die ihr Pferd Gassi führte, zu warten. Sie winkten und lachten, ich grüßte zurück, während Jennifer locker an der Leine neben mir herlief. Sie wäre mir auch ohne Halfter und Leine gefolgt, aber ich konnte nie wissen, ob uns nicht ein bellender Hund über den Weg lief oder Jennifer sich vor einem Auto erschreckte und Reißaus nahm. Sie war immer noch sehr menschenscheu.

Manfred hatte mir erzählt, dass die einzigen Menschen, denen sie in ihrem Regenwald in den letzten Jahren begegnet war, abgesehen von dem alten zahnlosen Mann mit seinen Hühnern, Bauern waren, die mit Steinen nach ihr geworfen und sie schimpfend von ihren Feldern verscheucht hatten, wenn sie darin herumtrampelte. Sie akzeptierte Lennon und mich, sobald sich jedoch ein Fremder näherte, spannte sich alles an ihr an – der Körper, ihr Kiefer, sogar ihre Lippen schien sie zusammenzupressen. Zum Glück kam das nicht oft vor, die meisten Leute starrten uns lieber aus sicherem Abstand hinterher. Jennifer schien die Skepsis zu spüren.

Ich blieb stehen, als Jennifer am Wegrand Gras fressen wollte. Drei Kinder, zwei Jungen und ein Mädchen, liefen auf der Straße in unsere Richtung und blieben etwa drei Meter von uns entfernt stehen.

»Ihr könnt ruhig näher kommen, Jennifer hat bestimmt mehr Angst vor euch als ihr vor Jennifer.«

Sie näherten sich noch ein paar Schritte.

»Beißen Pferde?«, fragte das Mädchen.

Da stellte sie gleich die schwierigste Frage.

»Ein Pferd möchte nur seine Ruhe haben«, holte ich zu einer Erklärung aus. »Wenn man ein Pferd ärgert, dann kann es sein, dass es zuschnappt. Es kann ja nicht sprechen, um zu sagen: ›Stopp, das will ich nicht.‹ Aber Pferde wollen keine Menschen angreifen und ich bin ja hier und passe auf.«

»Warum hast du ein Pferd?«, wollte der größere der Jungen wissen.

»Sie hat allein im Regenwald gelebt. Ich habe ihr ein neues Zuhause gegeben.«

»Kann ich sie anfassen?«, fragte das Mädchen.

»Du kannst es probieren. Komm langsam zu mir an die Seite.«

Als das Mädchen neben mir stand und die Hand nach Jennifers Hals ausstreckte, wandte sie sich ab.

»Sie muss sich erst wieder an Menschen gewöhnen«, erklärte ich.

»Vielleicht möchte sie lieber schwimmen«, sagte das Mädchen.

»Bestimmt möchte sie das. Wir waren gerade auf dem Weg zum Strand«, sagte ich.

Am Strand führte ich Jennifer langsam ans Wasser heran. Sie war nicht mehr so vorsichtig wie beim ersten Mal, als die Wellen ihre Beine umspülten. Jeden Tag waren wir ein Stück weiter gegangen. Sie mochte das tiefe Wasser.

Als ihr das Wasser bis zum Hals reichte, entspannte sie sich. Ich stand neben ihr mitsamt meiner Klamotten und konnte mich gerade noch so über Wasser halten. Sie schnaubte und schien sich von den Wellen schaukeln zu lassen. Ich legte meine Hand an ihr Fell und fragte sie, ob ich auf ihr sitzen dürfe. Jennifers Ohren zuckten und ihr Blick schien sich in die Ferne zu richten. Das sah nicht nach Widerstand aus, also legte ich beide Arme auf ihren Rücken, sprang hoch und zog mich mit dem Bauch auf ihren Rücken. Eine Welle brachte uns ins Schwanken und ich schwang schnell ein Bein auf die andere Seite.

Ich fühlte die Wellen an meinen Beinen, die ich langmachte, um meine Füße von Jennifers empfindlichem Bauch fernzuhalten. Ich streichelte über ihre nasse Mähne und sie schüttelte den Kopf. »Gutes Mädchen!«

Ich fühlte mich ganz leicht. »Lass uns gehen. Los!«

Ich schnalzte, doch sie rührte sich nicht. Eine sanfte Hüftbewegung half. Sie verstand und trug mich aus dem Wasser den weißen Strand entlang. Ich sprang ab. »Danke«, sagte ich. Meine Beine zitterten leicht. Ich hatte lange nicht mehr auf einem Pferd gesessen.

Auf dem Rückweg warteten die drei Kinder am Fischerhafen auf uns und folgten uns bis nach Hause.

»Was machst du da?«, fragte das Mädchen.

»Ich spüle das Salzwasser aus ihrem Fell.«

»Sperrst du sie gleich wieder in ihren Käfig?«, fragte der größere Junge.

»Nein, ich habe keinen Käfig. Jennifer bleibt hier auf der Wiese. In der Nacht kann sie in ihre Pferdebox gehen.«

»Jordan!«, rief eine Frau am Ende der Straße. Der größere der Jungen setzte sich sofort in Bewegung. Der kleinere Junge blieb stehen, mit eingezogenen Schultern und vor dem Körper verschränkten Händen. Er hatte die ganze Zeit über kein Wort gesagt, aber alles aufmerksam beobachtet.

»Wir müssen nach Hause«, sagte das Mädchen.

»Wenn ihr möchtet, kommt doch morgen Nachmittag wieder her. Wir können Jennifer zusammen bürsten, dann gewöhnt sie sich langsam an euch.«

Das Mädchen, das Tabita hieß, nickte begeistert.

»Möchtest du auch wiederkommen ...?« Ich sah den kleinen Jungen an. Er musste etwa sechs Jahre alt sein.

Er nickte zaghaft und grinste.

»Samuel spricht nicht gern«, erklärte Tabita. »Er ist unser Cousin und lebt jetzt bei uns. Er hat auch Angst vor Menschen.«

Meine Freundin Jenny machte mich auf Shawari aufmerksam. Der Wallach hatte bis vor Kurzem ihr gehört und lebte nun in dem einzigen Pferdestall, den es auf der Insel gab. Nur konnte er dort nicht bleiben. Ich wartete nicht lang und fuhr dorthin, um mir diesen Shawari einmal anzusehen.

Ich traf dort einen jungen Mann an, der sich über meinen Besuch wunderte – es wirkte nicht so, als ob er oft Gäste hätte.

»Möchtest du reiten?«, fragte er. »Wir können das im Moment nicht anbieten.« Er wirkte gestresst.

»Nein, ich suche nach Shawari.«

Im Stall in einer Box stand ein dunkelbraunes Pferd mit schwarzbrauner Mähne und schnaubte laut, als wir eintraten.

»Den muss ich immer von den anderen Pferden fernhalten – vor allem den Hengst attackiert er gern mal. Soweit ich weiß, stammt er von einem Wildpferd namens Franky ab.«

»Kann man ihn reiten?«

»Den nicht. Normalerweise bieten wir Reiten für Touristen an. Im Moment geht das aber leider nicht ...« Er schien mir den Grund nicht verraten zu wollen. »Jedenfalls kann ich mit Shawari nichts mehr anfangen. Der ist schwierig, auf Touristen kann ich ihn schon gar nicht loslassen.«

»Er ist schön.« Ich ging zu ihm, stellte das Putzzeug ab und holte die Bürste raus.

»So schlimm ist er nicht«, ruderte er plötzlich zurück. »Er will nur seine Ruhe und vor allem mit den anderen Pferden nichts zu tun haben. Also, wenn du es mit ihm probieren willst, nur zu.«

Shawari blieb gelassen, während ich ihn bürstete. »Du meinst, ich kann ihn haben?«

Er zuckte mit den Schultern. »Ich habe gerade so viele Probleme ... was soll ich noch ein Pferd durchfüttern, mit dem ich kein Geld verdienen kann? Nur im Moment ist er verletzt.«

»Ich kann warten.«

Kurz darauf kam meine Mutter mich besuchen. Sie gönnte sich ein paar Wochen Auszeit vom Hebamme-Sein.

»Mein Haus, mein Garten, mein Pferd«, sagte ich, nachdem ich den Rundgang mit meiner Mutter abgeschlossen hatte.

»Helene hat wirklich nicht übertrieben. Wie schön du's hier hast«, sagte sie und setzte sich auf einen Stuhl am Esstisch. Ich holte zwei Gläser aus dem Schrank und goss selbst gemachten Sorrel-Saft ein. Plötzlich wurde der Flügel des kleinen Küchenfensters weiter aufgeschoben. Jennifer steckte ihren Kopf herein und sah sich um.

Meine Mutter lachte. »Dir fehlt nur noch ein Äffchen namens Herr Nilsson.«

Ich hatte die Bücher als Kind geliebt und gerade fühlte ich mich tatsächlich wie Pippi Langstrumpf in ihrer Villa Kunterbunt.

»Statt einem Äffchen hätte ich viel lieber ein Fohlen.« Ich erzählte ihr von dem Hengst auf dem kleinen Pferdehof.

»Machst du jetzt auf Pferdezüchterin?«

»Nein, aber es wäre schön, wenn Jennifer ein Fohlen hätte.« Jennifer musste laut Manfred etwa zehn Jahre alt sein. Ein gutes Alter dafür.

»Was sagt Lennon dazu?«

»Er sagt: ›Was immer dich glücklich macht!‹«

»Und was sagt eure Vermieterin zu deinem Pferd?«

»Du wirst es nicht glauben, aber sie liebt Pferde – sie ist Sattelmacherin. Sie will mir beim nächsten Besuch sogar einen Sattel mitbringen.«

»Woher nimmst du nur dieses Glück?«

Das Gartentor quietschte und ein verschwitzter Lennon trat ins Haus.

»Es kommt einfach zu mir«, antwortete ich ihr auf Deutsch und küsste Lennon.

Der junge Stallbesitzer war dann schnell mit meiner Idee einverstanden, als ich ihm etwas Geld dafür anbot, und Jennifer und ich gingen wieder auf Wanderung. Ich wollte sie für ein paar Tage in den Stall bringen, um sie von dem Hengst decken zu lassen. Vor allem aber war ich gespannt, wie Jennifer auf die anderen Pferde reagieren würde.

Nach knapp einer Stunde erreichten wir unser Ziel.

Die Boxen im Stall standen offen. Die anderen Pferde waren auf der Wiese, nur Shawari fraß gerade in seiner Box, als Jennifer und ich eintraten. Der junge Mann zeigte mir ihre Box.

In dem Moment sah Shawari auf und fixierte Jennifer. Vorsichtig näherte er sich ihr. Er berührte sie mit den Nüstern am Hals und die beiden steckten die Köpfe zusammen. Ich ging auf Sicherheitsabstand zu den zwei unberechenbaren Pferden. Jennifer war angespannt, aber sie ließ sich Shawaris Nähe gefallen.

Nach ein paar Minuten führte ich Jennifer zu ihrer Box. Shawari folgte ihr bis in die Box hinein. Man hätte denken können, dass die beiden sich schon ewig kannten.

Der Stallbesitzer schüttelte den Kopf. »Glaub mir, das habe ich bei Shawari noch nie erlebt.«

Sie nutzten in den kommenden Tagen jede Gelegenheit, um zusammen zu sein. Das war fast rund um die Uhr.

Ich war froh, Jennifer nach ein paar Tagen wieder abholen zu können. Der Stallbesitzer schwor mir, dass Shawari das friedfertigste Pferd zu sein schien, solange Jennifer da war. Sie wandte ihren Kopf zur Seite und sah wehmütig noch einmal zu ihm, als wir den Stall verließen. Liebe auf den ersten Blick gab es wohl auch bei Pferden.

»Ich denke, ein Pferd sollte nicht allein sein«, sagte Lennon, als ich ihm davon erzählte. Während er sprach, stand Jennifer ruhig neben ihm mit leicht gesenktem Kopf, als würde sie ihm ganz genau zuhören. Er tätschelte sie und wandte sich dann wieder mir zu. Sie legte ihre Nüstern sanft an seinen Oberarm und hielt still.

»Falls da ein Fohlen kommt, brauchen wir mehr Platz für die Familie.«

Falls es so wäre. Wir hatten keine andere Wahl, als einfach die nächsten Monate abzuwarten. Es gab hier keinen Pferdearzt, der Jennifer untersuchen konnte. Und die Wiese neben dem Haus reichte für den Moment auch für zwei Pferde.

Tabita und ihr Cousin kamen fast jeden Tag zu uns. Manchmal stand Samuel auch allein an unserem Zaun. Er schien dort zu warten, bis ich ihn entdeckte. Nie sagte er ein Wort, aber auf ein Winken kam er sofort heran. Wenn ich den Jungen an der Schulter berührte, zuckte er zusammen. Er war so ein zarter, zerbrechlich wirkender Junge mit seinen großen dunklen Augen in dem schmalen Gesicht. An der Kopfhaut unter seinem kurz geschorenen schwarzen Haar zeichnete sich hell eine Narbe ab.

Samuel lächelte, wenn er Jennifer sah, und kicherte, wenn sie schnaubte. Er hatte nur eine Frage, die er von Zeit zu Zeit wiederholte: »Kann ich sie streicheln?«

»Du musst ihr erst mal Hallo sagen.«

Er streckte die Hand in ihre Richtung aus. Sie senkte den Kopf und beschnupperte ihn, wandte sich dann aber wieder ab. »Jennifer braucht noch etwas Zeit«, sagte ich. »Aber ich glaube, sie mag dich.«

Samuel zog die Schultern wieder ein und lächelte.

Das ging so über Wochen. In dieser Zeit teilte ich meine Freude an Jennifer mit Tabita und Samuel oder mit Samuel allein. Die beiden liebten dieses Pferd, sie bestaunten sie, bürsteten sie und gingen mit uns spazieren. Samuel nahm sogar meine Hand.

Der Junge schien sich nichts daraus zu machen, wenn Jennifer sich nicht berühren ließ. Wir setzten uns ins Gras und warteten, bis sie auf uns zukam. Samuel hatte Geduld. Als sie zu ihm kam und den Kopf senkte, hob er vorsichtig die Hand und ließ sich beschnuppern. Dann legte er die Fingerspitzen an ihre Nüstern. Jennifer hielt ihren Kopf still. »Veronika«, hörte ich Samuels leise raue Stimme, »guck, ich kann sie jetzt anfassen.« Er stand langsam auf und legte eine Hand auf Jennifers Rücken. Mit der anderen strich er vorsichtig mit den Fingerspitzen über ihr Fell. Sie blieb entspannt und der Junge strahlte mich an, als hätte er das größte Weihnachtsgeschenk aller Zeiten bekommen. Ich musste mich zusammenreißen, damit mir nicht eine kleine Träne aus den Augen lief.

Kurz darauf holte ich Shawari zu mir. Der Stallbesitzer war dankbar, ein Problem weniger zu haben.

Was sich dann zwischen Shawari und Jennifer in unserem Garten abspielte, war das Gleiche wie bei ihrer ersten Begegnung: Die beiden Liebenden waren wieder vereint.

Bei unserem ersten Ausflug an den Strand drängte Shawari Richtung Wasser. Ich ließ seine Leine los und er sprang hinein. Jennifer, die sich sonst nur vorsichtig herantastete und dann ein paar Minuten ruhig in den Wellen stehen blieb, bevor sie genug hatte, folgte ihm. Shawari tobte sich aus, ging ins tiefe Wasser und schwamm.

»So etwas habe ich noch nie gesehen«, sagte meine Mutter gerührt, deren Urlaub sich dem Ende näherte. »Du weißt, ich hab's nicht so mit Pferden wie du, aber das hier ... die beiden zusammen ... das ist ...«

»Magisch?«, schlug ich vor.

Shawari war wie ausgewechselt. Vielleicht weil Jennifer zu ihm aufsah. Vielleicht weil er hier so viel Bewegung hatte und einfach Pferd sein durfte.

Ich ließ die beiden grasen und am Strand toben. Shawari ließ sich problemlos das Halfter überstreifen und reiten. Lennon baute mir einen Tritt, damit ich nicht irgendwann vom Stuhl fiel, von dem aus ich aufstieg. Ohne Sattel hatte ich auch keinen Steigbügel. Jennifer lief nebenher. Sie ging dahin, wo Shawari hinging.

Abends setzten Lennon und ich uns oben an die Klippe, um den Sonnenuntergang zu betrachten. Die Pferde grasten, die Hunde streunten herum und wir rauchten. Sobald die Sonne am Horizont unterging, wurde es schnell dunkel und wir liefen zurück zum Haus. Lennon rief Shawari, der sich schon an sein Kommando gewöhnt hatte, und führte ihn nach unten. Jennifer folgte. Ein dunkelbrauner stolzer Wallach und eine edle fuchsrote Stute. Die Pferde stehen dem Mann ziemlich gut, fand ich.

Wie sich herausstellte, hatte Shawari eine verlorene Schwester – die Rappstute meiner Yoga-Freundin Jenny. Ich hatte sie einmal vor Monaten bei einem Besuch gesehen. Jenny hatte sie nur gerufen und kurz darauf war ein fast schwarzes Pferd mit wehender Mähne und einem weißen Stern zwischen den Augen auf uns zu galoppiert. Sie blieb vor Jenny stehen, die die zarte Stute an den Ohren streichelte und ihren Bauch tätschelte.

Kalakunjin war das Gegenteil von Jennifer – zutraulich und ohne jede Scheu. Ihr indischer Name bedeutete »schwarzer geheimer Garten«, erzählte mir Jenny. Sie hatte mir bereits mehrmals vorgeschlagen, auch Kalakunjin zu nehmen. Jenny wollte auf kurz oder lang wieder zurück in die »Zivilisation«, wie sie sich ausdrückte, nachdem sie 15 Jahre lang in dieser selbst gewählten Einsamkeit gelebt, gemalt und meditiert hatte.

Aus ihrem Vorschlag wurde, seit ich auch Shawari hatte, eine immer drängendere Bitte. Immer wieder schwärmte sie von ihrem zutraulichen Pferd, das sich sogar neben ihr ins Gras lege, während sie meditiere. Ihr Entschluss, nach England zurückzugehen, stand fest, aber sie fand niemanden für Kalakunjin. Sie wünschte sich für sie nichts mehr als ein Zuhause, wo sie weiter ihr freies Pferdeleben genießen könnte. Sie sah mich traurig an und ich konnte schließlich nicht mehr Nein sagen. Dieses Pferd war eine Schönheit. Es wäre doch ohnehin eine Familienzusammenführung, weil Kalakunjin und Shawari denselben Vater hatten.

Das legte ich mir als Argument zurecht und erwartete, dass Lennon diesmal vielleicht Einwände hätte. Immerhin war ein Fohlen unterwegs – das war mittlerweile deutlich. Vielleicht hatte ich aber doch mehr Bedenken als Lennon, denn er überlegte nur, wohin er eine dritte und vierte Pferdebox bauen könnte. Den Nachbarn direkt neben uns störte es nicht, dass wir die Pferde auf der Wiese, die eigentlich noch zu seinem Grundstück gehörte, grasen ließen. Lennon wollte die Fläche als zweite Pferdekoppel einzäunen.

Ich konnte es nicht glauben. »Ist das dein Ernst? Ich hole mir ein Pferd, ich hole noch ein zweites dazu und jetzt sagst du auch zum dritten Ja!?«

»Nun ja, du willst dieses Pferd. Und sie kann nicht bei ihrer Besitzerin bleiben, niemand sonst kann sie nehmen. Es ist Shawaris Schwester ... Natürlich nehmen wir sie.«

»Danke!« Ich war wirklich sprachlos.

Lennon sah mich an. »Du überraschst mich immer wieder. Das hast du von Anfang an.«

Ich hatte das Gefühl, er wollte mir gerade etwas Wichtiges sagen, und wartete ab.

»Weißt du, damals wollte ich doch gar keine Freundin haben, als wir uns getroffen haben ...«

»Du wolltest keine Freundin? Wirklich nicht?«

»Hast du mich etwa für einen Aufreißer gehalten?«

»Nein, das hätte ich nie von dir gedacht. Aber du hast deinem Kumpel gar keine Chance gelassen.«

»Du wolltest nicht mehr mit ihm sprechen, ich hab's dir angeboten.«

»Der Abend mit dir war schon perfekt. Warum haben wir uns immer wieder getroffen, wenn du keine Freundin haben wolltest?«

»Ich konnte nicht aufhören, an dich zu denken. Das hat mich überrascht.«

»Warum?«

»Ich hatte meine Arbeit und ein gutes Leben. Ich dachte, eine Frau wäre nur Ablenkung.«

Ich zog die Augenbrauen hoch.

»Dann hab ich gehofft, dich wiederzusehen. Dass du wirklich wiederkommst und dann hierher auswanderst, damit hab ich nicht gerechnet. Ich habe es mir gewünscht, aber ich habe nicht fest damit gerechnet. Nach allem, was du mir über dich erzählt hast ... Du triffst deine eigenen Entscheidungen. Du hattest alles in Deutschland. Alles, was du hier nicht hast.«

»Ja, aber alles, was ich hier gefunden habe, hätte ich in Deutschland nie haben können.«

»Bist du glücklich? Glücklich mit mir?«

»Jeden Tag.«

»Du vermisst nichts? Du möchtest nicht zurück nach Deutschland?«

»Mein Leben ist hier mit dir.«

Ich war zwar seit dem Sommer 2006 erneut in Deutschland gewesen. Aber ich war da nicht mehr so hin- und hergerissen gewesen. Und erst recht nicht, seit die Pferde hier auf mich warteten.

»Vermisst du Trinidad?«, fragte ich Lennon.

»Nein. Aber das ist auch nicht so weit weg wie deine Heimat.« Er holte tief Luft. »Also, lass es uns tun!«

»Sollen wir?«

Heiraten. Wir hatten schon oft darüber gesprochen. Ich wollte auch nicht mehr ständig ausreisen, um wieder ein Visum zu bekommen.

»Das hängt ganz von dir ab«, sagte Lennon und sah mich gespannt an. »Für dich hat sich so viel verändert. Es ist deine Entscheidung, ob du dieses Leben mit mir willst.«

»Mein Leben ist perfekt! Willst du es wirklich?« Ich musste einfach fragen.

»Für mich ist die Entscheidung in dem Moment gefallen, als wir hier nach Buccoo gezogen sind. Wir leben schon zusammen, als wären wir verheiratet. Ich kann nicht noch mehr verheiratet sein, als ich es schon bin.«

»Also ist es dir nicht wichtig?«

»Das habe ich nicht gesagt. Du bist meine Frau, Vero! Da können wir genauso gut offiziell Mann und Frau sein.«

»Mr. und Mrs. La Fortune. Oder Danzer-La Fortune ...« Ich musste an das Gespräch mit Eve kurz vor meiner Auswanderung denken. Sie wäre die Erste, der ich davon erzählen würde. Apropos Freundinnen. »Wir feiern ein großes Fest mit allen Freunden, Kollegen und unseren Familien!«

»Das wirst du bekommen! ... Es tut mir leid ...«

»Was jetzt?«

»Dass ich dir keinen Antrag gemacht habe wie im Film.«

»So ein Quatsch!« Ich küsste ihn. »Ich habe den besten Mann! Aber von unserer Hochzeit habe ich eben schon eine gewisse Vorstellung.«

»Ich bin gespannt.«

»Strand, Pferde und alle Menschen, die wir lieben und mögen.«

»Alles so, wie du es dir wünschst!«

»Und da du mir ja noch keinen Verlobungsring präsentiert hast ...«

»Sorry ...«

»Nein, warte, ich kenne eine Schmuckkünstlerin.« Ich musste unbedingt Runa fragen, ob sie für uns die Ringe kreieren würde.

So reich wie noch nie

Ein Taxi hielt an der Straße vor unserem Tor und ich versuchte die Aufregung hinunterzuschlucken. Die ersten Touristen waren da, die meinen Flyer entdeckt hatten und ein Erlebnis mit Pferden erwarteten. Das war anders als mit den Kindern ...

Mit Magnus und Makeda, den Kindern meiner Freundin Inken, teilte ich einfach meine Liebe zu den Pferden. Die beiden kamen, um sie zu streicheln, zu bürsten, die Mähnen zu flechten und sie mit Blumen zu schmücken. Wir ließen sie grasen, fütterten sie und liefen durch den Mangrovenwald oder zum Strand. Dort preschten die Pferde los, nutzten den langen vor ihnen liegenden Strand aus mit langen kraftvollen Schritten, die tiefe Spuren im Sand hinterließen. Besonders Shawari liebte es, sich im Sand zu wälzen, sprang dann wieder auf, schüttelte sich und rannte mit voller Kraft wieder los. Wir ließen sie das Wasser genießen. Manchmal nahmen wir auch ein altes Surfbrett. Die Kinder saßen drauf und Shawari oder Kalakunjin, die mittlerweile bei uns lebte, zogen es.

Manchmal durften sie reiten, trotzdem waren es keine Reitstunden. Ich hatte keinen Plan – ich schaute, wie die Pferde sich verhielten und was sie brauchten. Es ging nicht um ein Programm und sie mussten nichts leisten. Die Kinder konnten nicht genug von Kalakunjin, Shawari und Jennifer bekommen.

Inken schenkte mir zum Geburtstag Geld für neue Pferdeboxen. Im Moment war noch alles improvisiert. Lennon war ein

Meister darin. Er nahm zum Bauen, was er günstig oder kostenlos bekommen konnte – und das war hauptsächlich Bambus.

»Being with Horses« stand groß auf meinem Flyer.

Es war ein Versuch, all das, was ich mit den Kindern machte, auch mit Erwachsenen zu teilen. Die Aussage war eindeutig, aber ich wusste nicht, mit welchen Erwartungen die Menschen jetzt hier vor meiner Tür standen.

»Lasst euch einfach überraschen«, hatte ich den Gästen am Telefon erklärt. »Es wird keine Reitstunde.«

Ich wusste nicht, wie die beiden, ein amerikanisches Pärchen, oder die Pferde reagieren würden.

Ich wusste nur, dass sie noch keine Erfahrung mit Pferden hatten.

Das Paar war in den Vierzigern. Ich fing einfach an zu erzählen. Ich musste mich selbst aufwärmen, bevor ich die Pferde auf sie losließ.

»Jennifer«, ich deutete auf die Wiese hinter dem Zaun, wo sie, Shawari und Kalakunjin grasten, »hat sieben Jahre lang im Regenwald gelebt und sich vor Menschen gefürchtet.«

Ich merkte, wie sie aufhorchten, und erzählte weiter davon, wie ich über Monate ihr Vertrauen gewonnen hatte und dann mit ihr über die ganze Insel gelaufen war. Das war ein Eisbrecher.

Ich zeigte auf Shawari – Jennifers »Boyfriend« – und dessen Schwester. »Sie sind wie eine Familie und diese Pferde sind für uns Familienmitglieder wie für andere ihre geliebten Hunde. Die Leute fragen mich immer wieder, ob ich mit den Pferden eine Zucht eröffnen oder Reitstunden geben will. Nein, ich sorge einfach nur für sie. Es sind ganz besondere Pferde und ich möchte euch einladen, sie kennenzulernen.«

Der Mann und die Frau nickten beeindruckt und wir gingen hinüber in den Paddock. Mit Kalakunjin war es am einfachsten. Kein Pferd liebte Berührungen so sehr wie diese schwarzbraune

Stute. Sie ließ sich streicheln und an den Ohren kraulen. »Aber wehe, man entzieht ihr die Aufmerksamkeit. Sie wird sich sofort bemerkbar machen und dich mit einem Stupser auffordern, weiterzustreicheln.«

Die beiden lachten.

Dann zeigten sie Shawari und Jennifer die Cracker. Die Pferde fraßen sie aus der Hand und ließen sich dann streicheln.

»Rede mit deinem Pferd, nimm Kontakt auf.« Die beiden berührten und fühlten Shawari und Kalakunjin mit den Händen und sprachen sie mit ihren Namen an. »Ein Pferd kann spüren, wie sein Gegenüber sich fühlt. Wenn du ängstlich oder skeptisch bist, ist dein Pferd es auch. Sei offen und gib ihm einfach deine ganze Aufmerksamkeit.«

Und das ging am besten beim Bürsten und Striegeln. Wir ließen uns Zeit damit. Als ich das Gefühl hatte, dass alle sich entspannt hatten – die Pferde und ihre Partner –, half ich ihnen beim Aufsteigen. Dafür hatte ich Kalakunjin und Shawari bereits alte Westernsättel angeschnallt – ein Geschenk von Janet.

Die trächtige Jennifer musste niemanden tragen. Ich führte sie am Halfter. Kalakunjin und Shawari folgten mit ihren Reitern. Ich redete die ganze Zeit mit den Pferden und meinen Gästen, hoffte, dass niemand aus dem Sattel fiel und kein Pferd durchging, weil irgendetwas Unberechenbares geschah. Aber Kalakunjin und Shawari waren entspannt. Wir nahmen den Weg durch den Mangrovenwald und den ausgetrockneten Sumpf und zurück am Strand entlang. Je länger wir unterwegs waren, desto mehr ließ ich Shawari und Kalakunjin auf Abstand gehen. Sie trugen Reiter auf ihren Rücken, die ihnen mit ihrer Stimme und den Zügeln an den einfachen Halftern ab und zu Kommandos gaben, wenn sie zu schnell wurden, und ich hatte das Gefühl, es wäre in Ordnung. Es lief so, wie ich es mir vorgestellt hatte. Unglaublich, es funktionierte wirklich. Ohne Gebiss und Trense. Das waren keine geübten Reiter, aber der Mann hatte sich auf Shawari eingestellt und die Frau auf Kalakunjin. Pferd und Reiter arbeiteten zusammen. Wir liefen am Strand zurück und fütterten alle drei Pferde zur Belohnung.

»Sie haben tolle Pferde«, sagte die Frau zum Abschied. »Ich liebe Kalakunjin.« Sie wirkte noch etwas unsicher auf den Beinen, aber auch glücklich.

Ich war stolz an diesem Abend. Lennon kam später als sonst nach Hause und holte drei Säcke voll Heu aus dem Auto.

»Da, wo das herkommt, gibt's noch mehr. Ich hab mit einem Mann geredet, der ein großes Grundstück hat. Er will mir ab sofort immer Bescheid sagen, wenn er wieder mäht. Ich muss das getrocknete Gras dann nur einsammeln.«

Lennon schaffte fast jeden Tag nach der Arbeit noch Gras heran. Er hatte die Zäune gebaut und reparierte sie, half mir, den Rasen zu mähen, die Pferdeboxen und die Paddocks zu säubern, die Heunetze und Wasserbehälter aufzufüllen. Bald wären es vier Pferde. Sein Gehalt als Schreiner reichte jetzt schon gerade nur so aus, um uns und die Pferde zu versorgen. Und das Futter kostete Geld. Nur Gras war kostenlos, aber die Pferde bekamen außerdem eine Mischung aus Weizenkleie, Mais, Hafer und Mineralien, und das brauchten wir mit drei Pferden schon säckeweise. Dazu hatten wir mittlerweile drei Hunde. Noch bevor Shawari bei uns war, hatte ich einen winzigen, völlig geschwächten Welpen am Straßenrand entdeckt. Ich nahm die Kleine in meine Hand und ging mit ihr nach Hause.

Lennon wusste sofort, wie er sie nennen wollte. Wir hatten eine Jennifer, da fehlte noch die Lopez, damit wir immer »J.Lo in the house« hätten.

Lopez, Meheijra und Timothy fraßen ebenfalls viel. Ich kochte jeden Morgen Hundereis – den liebten sie und er war günstig. Ich freute mich über jede Avocado und Tomate, die in unserem

Garten wuchs. Jeden zweiten Freitag bekam Lennon sein Gehalt. Am Samstag kauften wir Mehl, Eier, Reis und Gemüse auf dem Markt, das dann für knapp zwei Wochen reichte.

Wir hatten wenig, aber ich fühlte mich so reich wie noch nie.

Lennon schlief abends völlig erschöpft ein, trotzdem beschwerte er sich nie. Nicht dieser Mann.

Schöner als jeder Traum

Lennon rüttelte mich wach. »Hey, sieh dir das an.«

»Was?« Ich war im Auto eingeschlafen. Es war drei Uhr nachts, ich verstand nicht, warum er so aufgeregt war. Wir waren mit meinen Freunden auf der Partymeile am Crown Point gewesen, ich hatte ein paar Drinks gehabt und wollte schlafen, aber Lennon sprang vom Fahrersitz.

»Komm, sieh dir das an.« Ich stieg aus dem Auto. Das Licht der Scheinwerfer blendete, ringsherum war es stockdunkel. »Da sind *zwei* Pferde im Paddock!«

Ich sah nur den dunklen Umriss auf Jennifers Koppel. Shawari. Seine Schwester Kalakunjin stand noch hinter dem Zaun, auf der anderen Koppel, wo sie hingehörte – und Shawari eigentlich auch. Normalerweise ließ er seine Schwester nicht allein. Wie war er auf die andere Seite gekommen? Shawari war kein Springpferd und der Zaun zu hoch für ihn. Wir hatten uns etwas dabei gedacht, den Zaun zu ziehen. Eine hochträchtige Stute braucht ihren Freiraum.

Meine Augen gewöhnten sich langsam an die Dunkelheit. In der Nische unter dem Baum stand Jennifer. Shawari bewachte sie. Ich ging den Zaun ab – völlig unbeschädigt.

Lennon näherte sich Jennifers Ecke. Sie schnaubte wild und stampfte. Ging die Geburt los? Ich lief ebenfalls auf die Koppel zu Lennon, der im Sicherheitsabstand stehen geblieben war.

Etwas Kleines presste sich dicht an Jennifer. Es war also schon geschehen! Und es machte den Eindruck, als ginge es Mutter und

Kind gut. Jennifer und Shawari ließen uns in diesem Moment nicht heran und so blieb uns nichts anderes übrig, als bis zum Morgen zu warten.

Nach ein paar Stunden Schlaf lief ich sofort zu Jennifer, um zu sehen, ob ich nicht geträumt hatte.

Es war immer noch da. Das Fohlen war rotbraun wie seine Mutter, mit einer breiten weißen Blesse auf Nase und Stirn. Sie war ganz die Mama und gar nicht wie der dunkelbraune Hengst, der sie gezeugt hatte. Dieses kleine Fohlen war so zart und winzig, vielleicht so groß wie ein ausgewachsener Schäferhund. Sie passte mit dem Kopf genau unter den Bauch ihrer Mutter. Jennifer ließ keinen Zentimeter zwischen sich und ihr Fohlen und protestierte sofort, als ich versuchte, mich zu nähern. Eine Löwenmutter und ihr Löwenbaby – geboren am 31. Juli, das sprach für eine starke Persönlichkeit.

Ich setzte mich in die Sonne auf die Wiese und betrachtete unser verfrühtes Hochzeitsgeschenk. Lennon brachte mir einen Kaffee und setzte sich neben mich. Dieses Fohlen war wirklich das Süßeste, was ich jemals gesehen hatte.

»Das ist das beste Geschenk, das ich mir vorstellen kann«, sagte ich.

»Ja, ein Wunder«, sagte Lennon. »Ich habe noch nie ein Fohlen gesehen. Jennifer hat das ganz allein geschafft? Oder meinst du, Shawari hat ihr irgendwie geholfen?«

»Bestimmt allein dadurch, dass er da war. Ich habe mal gelernt, dass Stuten bei der Geburt allein sein wollen.« Shawari und Jennifer hatte das anscheinend nicht interessiert.

Wir tranken Kaffee und beobachteten das kleine strubbelige Wesen, das an den Zitzen seiner Mutter trank.

»Hey«, kam es plötzlich vom Zaun hinter uns. »Was ist das? Ein Fohlen? Muss das so klein sein?« Unser Nachbar blieb noch ein paar Minuten mit uns am Zaun stehen und wollte die

Einzelheiten wissen. Die wir ihm nicht sagen konnten, denn Jennifer hatte alles allein gemacht.

Eine halbe Stunde später lief unsere Nachbarin Jamie mit ihren Töchtern vorbei und blieb erstaunt stehen.

»Ist das ein Mädchen oder ein Junge?«, wollte die Große wissen.

»Kann ich es anfassen?«, fragte die Kleine.

»Das würde ich auch gern, Süße«, sagte ich. »Aber ihre Mama passt auf, dass niemand es anfasst. Es ist ein Mädchen.«

»Warum können Pferdebabys schon laufen?«, fragte ein Junge, der plötzlich auch am Zaun stand. »Kann man darauf reiten?«

»Wie heißt es?«

Ich lachte und wusste nicht, worauf ich zuerst antworten sollte.

»Wir haben noch keinen Namen ausgesucht. Aber du kannst einen vorschlagen«, sagte Lennon. Wir hatten uns schon ein paar Namen überlegt. Ein J sollte es schon sein, passend zu Jennifer.

»Princess«, sagte eine von Jamies Töchtern.

»Ja, die Mama ist die Königin und sie hat jetzt eine Baby-Prinzessin«, sagte ihre sechsjährige Schwester.

»Sie ist eine Prinzessin, auf jeden Fall!«, gab ich zurück.

Jamie scheuchte alle Kinder weiter und winkte uns zu. Sie mussten jetzt zur Schule.

Lennon betrachtete wieder das Fohlen. »Princess Julie?«

»Ein schöner Name ... Ja!«

»Sollen wir Jennifer und ihre Prinzessin auf die Wiese hinter dem Haus bringen, damit sie ihre Ruhe hat?«, fragte Lennon und stand schon auf. Er legte eine Hand auf Shawaris Mähne und trieb ihn an. Jennifer folgte ihnen nach hinten.

Jennifer blieb in den folgenden Tagen dabei: Niemand durfte an sie oder ihr Fohlen heran – nicht mal Lennon oder ich.

Wir unternahmen einen Versuch, Shawari und Kalakunjin wenigstens zum Strand auszuführen. Das Fohlen könnte die Strecke noch nicht laufen. Shawari stand wieder auf seiner eigenen Koppel, aber er weigerte sich, ohne Jennifer zu gehen. Am nächsten Tag versuchten wir es wieder. Wenigstens Kalakunjin sollte doch ihren Auslauf haben, wenn Shawari schon nicht wollte. Ich rief sie, aber sie kam nicht. Ich legte ihr ein Halfter an und zog, schubste sie an, aber sie ging keine drei Meter weit, da drehte sie ab und lief zurück zu ihrem Bruder.

Dann wurde es wohl eine Strandhochzeit ohne Pferde. Ich hatte mich schon so auf die Fotos gefreut – ich wollte einmal im Brautkleid durchs Wasser reiten. Aber ich sah dieses Fohlen an, mit seinen großen Augen und der kurzen, borstigen Mähne, das sich scheu an seine Mutter kuschelte, und es zauberte mir ein Lächeln aufs Gesicht.

Meine Schwester verbot mir schon am Abend vor der Hochzeit, mich dem Strand zu nähern oder vom Pier über die Bucht zu blicken.

Am frühen Morgen des 8. August 2008 zog ich mein weißes Hochzeitskleid an. Lennon trug einen weißen Anzug. Vor dem Haus wartete ein schwarzer Oldtimer – das schönste Auto, das wir auf der Insel hatten auftreiben können. Lennons Kollege spielte den Chauffeur und fuhr uns zum Strand. Ich versprach ihm das größte Stück Kuchen, übrigens auch dafür, dass er Lennon immer sein Handy zur Verfügung gestellt hatte.

Als wir pünktlich um acht Uhr aus dem Auto ausstiegen und den Weg zum Strand gingen, sah ich dort weiße Blüten auf dem Boden. Ein schmaler, mit Bambus gesäumter Weg führte am Strand entlang bis zum Altar. Unsere Freunde und unsere Familien, aus Deutschland, Trinidad und Tobago, beobachteten uns. Alle Frauen trugen eine Hibiskusblüte im Haar, die Männer am Anzug oder Hemd. Inken hielt ihre Kamera vors Gesicht und es blitzte in dem Moment, als ich loslachte. Es sah hier aus wie im Film, wie der Traum von einer Hochzeit am Strand. Weiße und rosa Blüten überall, Palmwedel, ein Altar unter einem mit weißen Schleifen geschmückten Bogen aus Bambus und Hibiskuszweigen. Dahinter wartete unser Reverend in seiner dunkelbraunen Robe. Mein zukünftiger Mann, der das Glück schon in seinem Namen trug, strahlte Ruhe aus wie immer. Nur in seinem Lächeln und einem kleinen Zwinkern sah ich etwas Nervosität.

In diesen Minuten war ich mit meinen Gedanken nur bei Lennon. Nur für diese Zeit hier rückten die Pferde in den Hintergrund.

Auch wenn ich nicht im Brautkleid mit einem Pferd durchs Wasser ritt – die Fotos wurden trotzdem wunderschön.

Der Zaun, hinter dem die Koppel der Pferde lag, übte später eine magische Anziehungskraft auf alle kleinen und großen Gäste aus. Inken hielt mit der Kamera alles fest und schlug vor, das mit dem Hochzeitskleid im Wasser ein paar Monate später nachzuholen. Die Idee gefiel mir. Es war wirklich alles perfekt. Nur eine vermisste ich: Jean. Ausgerechnet Jean konnte nicht kommen – sie war gerade als Leadsängerin mit einer Gospelgruppe auf Tour.

Es gab gutes Essen, viel zu trinken und eine große Hochzeitstorte von Inken. Und immer wieder erzählten Lennon und ich die Geschichte von der Nacht, in der Princess Julie geboren wurde und Shawari auf rätselhafte Weise den Zaun überwand ...

Familienausflug

Eine Hochzeitsreise war eindeutig nicht nötig, denn zu Hause ist es doch immer am schönsten – erst recht, wenn man die Karibik sein Zuhause nennt. Nur weil mein Bruder versprach, sich ein paar Tage um unsere Tiere zu kümmern, zogen Lennon und ich uns für diese Zeit in eine Strandvilla zurück.

Als wir wiederkamen, brauchten die Pferde dringend Bewegung. Princess Julie war jetzt vierzehn Tage alt, seit ihrer Geburt hatten die Pferde ihre Paddocks nicht verlassen.

Zuerst lockte ich Jennifer heraus. Sie folgte mir langsam mit der kleinen noch unsicher staksenden Prinzessin dicht an ihrer Seite, wartete aber noch ab. Lennon rief Shawari, dem Kalakunjin folgte. Die Hufe klackerten auf dem Asphalt der Straße, als sich unsere Parade in Bewegung setzte – mein Vater war dabei, seine Partnerin, meine Schwester mit Familie, mein Bruder, meine Mutter, unsere Freundin Inken mit ihrer Kamera, Magnus, Makeda und ein paar Freunde aus Deutschland.

Wir kamen langsam voran. Die Kleine brauchte immer wieder Pausen. Der Anblick von Princess Julie entzückte alle, die uns auf dem Weg durchs Dorf sahen.

Am Strand angekommen, suhlte Shawari sich sofort ausgiebig im Sand, sprang dann hoch und preschte den Strand hinunter. Jennifer blieb bei Princess Julie, die sich ausruhen musste. Lennon näherte sich langsam. Es gab keinen Protest von der jungen Mutter, zum ersten Mal. Er setzte sich neben die Prinzessin, berührte ihr Fell und tätschelte sie ehrfürchtig. Inken hielt den Augenblick mit ihrer Kamera fest, aber er hat sich auch von selbst unvergesslich in meine Erinnerung eingebrannt. Die großen Augen, die langen dünnen Beine, die rotbraunen Borsten, die mal eine Mähne werden sollten, und Lennon, der fürsorglich seinen Arm um Princess' Hals legte. Ich war hier am Strand in der Karibik mit Menschen, die ich liebte, mit Pferden, die wie eine Familie für mich waren, und dem Mann, der mich in allem unterstützte. Es war ein Traum, den ich mir vor zehn Jahren nicht hätte vorstellen können, nicht bei meinem ersten Flug nach Tobago und noch nicht mal in dem Moment, als ich im Flugzeug saß, um ein neues Leben mit Lennon zu beginnen …

Fast eineinhalb Jahre später saßen Lennon und ich dann am Tisch in der Küche unseres Strandhauses in Buccoo, zusammen mit Ancil Torres und seiner Frau. Sie waren beide blind. Der große stämmige Mann erzählte uns mit seiner tiefen Stimme von der Stiftung, mit der er sich für blinde Menschen in Trinidad und Tobago einsetzte. Im Moment plante er das nächste Camp.

»Wir nennen es ›Camp Can Do‹. Die Teilnehmer sollen während dieser zwei Wochen die Möglichkeit haben, Erfahrungen zu machen, die ihnen sonst nicht zugänglich wären. Wer lernt, dass er trotz seinen Handicaps etwas Außergewöhnliches schaffen kann, der wächst über sich hinaus.«

Ancil interessierte sich für meine Geschichte und ich erzählte ihm von Jennifer, Shawari und Kalakunjin. Das blinde Paar war begeistert und freute sich auf eine Zusammenarbeit.

Vor allem, seit Princess Julie da war, hatte sich so viel verändert. Die Pferde brauchten meine volle Aufmerksamkeit und Lennon unterstützte mich neben seiner Arbeit als Schreiner. Wir verdienten kaum Geld mit den Pferden, aber sein Job allein machte uns auch nicht reich. »I need to focus on one thing«, sagte er. Die Entscheidung, auf welche Sache er sich konzentrieren wollte, fiel ihm leicht. Lennon stürzte sich voll in seine neue Aufgabe hinein.

Aus dem kleinen zarten Fohlen, das mit dem niedlichen Gesicht und den großen Augen wie ein Kuscheltier ausgesehen hatte, war eine schöne Jungstute mit hellem fuchsroten Fell geworden. Während dieser anderthalb Jahre war auch das Interesse an »Being with Horses« gewachsen, bei den Kindern und den Erwachsenen. Abends saß ich oft schon wieder am Computer oder am Telefon, während Lennon den Pferden noch die Hufe auskratzte und sie mit Wasser und Futter versorgte.

»Wenn ihr es schafft, Menschen, die noch nie geritten sind, ein Pferd führen zu lassen, dann könnt ihr das auch mit blinden Menschen lernen«, meinte er.

Wir wollten Teil des »Camp Can Do« werden. Das Camp sollte in drei Monaten stattfinden. Den 25 Teilnehmern von überall her aus der Karibik wurden Schwimmkurse, Natur-Exkursionen und ein Computerkurs geboten – und Reiten bei uns.

Zur Vorbereitung auf unsere neue Herausforderung organisierte Ancil für uns einen Workshop. Zwei Wochen vor dem Camp reiste dafür eine Amerikanerin an, die viel mit Blinden und anders gehandicapten Menschen zusammenarbeitete. Neben Lennon und mir hatten sich auch weitere Teilnehmer für den fünftägigen Workshop angemeldet. Einer unserer Helfer war der 20-jährige Daniel.

Der Kanadier, der seit einiger Zeit in Tobago lebte, war einmal mit seinen Eltern zu einer Being-with-Horses-Session bei uns gewesen. Dann kam er wieder, weil ihn die Pferde so beeindruckt hatten und er gern helfen wollte. Auch bei unserem zweiten Treffen redete Daniel nicht viel und wandte sich schnell wieder ab, wenn ich ihn ansah, aber ich sah das Leuchten in den Augen seiner Mutter. Sie erklärte mir, er sei im Alter von zwei Jahren als autistisch diagnostiziert worden. Er sei hochintelligent und sitze zurzeit hauptsächlich vor dem Computer.

Daniel mochte die Pferde, also versuchten wir es. Er war sehr aufmerksam und erledigte alle Aufgaben mit größter Sorgfalt. Ich merkte, wie entspannt Jennifer in seiner ruhigen Gegenwart war. Seitdem half er beim Ausmisten und Füttern und lief bei den Being-with-Horses-Sessions mit.

Unsere Workshop-Leiterin erklärte, dass ein Blinder sein ganzes Vertrauen in seine Helfer legen können müsse. Sie verteilte Augenbinden – drei Pferde, drei Reiter, die anderen sollten lernen, wie sie den blinden Reitern zur Seite stehen könnten. Mit verbundenen Augen stand ich da und wartete. Ich hörte die Stimmen und die Schritte um mich herum. Dann spürte ich eine Hand an meinem Arm. Lennons Stimme erklang an meiner Seite. Ein paar Meter vor mir hörte ich Stampfen und Schnauben. Ich schwitzte unter der Augenbinde. Lennon drückte mich am Arm und schob mich sanft vorwärts.

»Langsam«, sagte er, »drei Schritte noch, noch einer. Du stehst jetzt vor den Stufen.« Ich hörte Schnauben links von mir, aber ich erkannte nicht, ob es von Kalakunjin, Shawari oder Jennifer stammte.

»Ruhig«, meinte eine weibliche Stimme. Das Pferd spürte meine Nervosität, obwohl ich versuchte mich ruhig zu geben. Wie nervös musste erst jemand sein, der diese Pferde nicht so gut kannte wie ich oder vielleicht noch nie auf einem Pferd gesessen hatte?

Lennon legte meine Hände an den Sattel. Der Höhe des therapeutischen Reitkissens nach zu urteilen, das als Sattel diente, glaubte ich zumindest, dass es nicht die kleine Kalakunjin war. Ich erspürte das weiche Veloursleder, tastete nach der Mähne und dem Hals. Es war ein eigenartiges Gefühl, meine Fingerkuppen spürten die Mähne, die mir vertraut war. Es war Shawaris Mähne. Beim Sitzen erahnte ich den Körperumfang und achtete darauf, bewusst und ruhig zu atmen.

»Darf ich deinen Oberschenkel anfassen?«, fragte eine weibliche Stimme links von mir und Lennon an meiner rechten Seite fragte das Gleiche. Sie hielten mich, als wäre ich jemand, der blind war und zum ersten Mal auf einem Pferd saß.

»Wir gehen jetzt los«, sagte Lennon. Von vorn kam ein Schnalzen und ein: »Komm, los geht's.« Das Pferd lief langsam an, ein kräftiger ruhiger Schritt nach dem anderen, das konnte wirklich nur Shawari sein.

Die Kontrolle lag nicht bei mir. Ich hörte das »Stand« von vorn und wusste, dass das Pferd gleich anhielt; wenn ich hingegen das »Go« hörte, machte ich mich bereit für den Trab. Die Stimmen, die Hände und die Nähe der anderen gaben Sicherheit. Und ich fühlte die starke Verbindung mit Shawari, während ich nichts tun konnte, als mich tragen zu lassen.

Meine Bedenken lösten sich bald in Luft auf. Im Grunde führten wir die blinden Camp-Teilnehmer genauso an die Tiere heran wie immer: durchs Reden, durchs Bürsten und Striegeln, durchs Füttern mit Crackern und vor allem durch ganz viele Berührungen. Kalakunjin, Shawari und Jennifer waren vielleicht keine dressierten Pferde, aber gerade deshalb waren sie so besonders.

Wir lernten etwas über Vertrauen – dafür braucht man viel Zeit und Zuwendung und in diesem Fall die richtigen Worte zur richtigen Zeit – und über das Gefühl, über sich hinauszuwachsen. Das Lächeln dieser Menschen, die etwas in diesen intensiven zwei Wochen geschafft hatten, das für sie nicht selbstverständlich war, ging mir direkt ins Herz und brachte mich durch jeden noch so anstrengenden Tag.

Vor allem aber: Man muss nicht sehen können, um ein Pferd zu reiten.

So wie das 17-jährige Mädchen, das am Ende des Camps Kalakunjin ganz allein führte. Lennon lief nebenher und tat nichts mehr, außer ihr zu sagen, wann sie ihr Pferd anhalten oder nach links oder rechts lenken müsse. Sie ritt ganz allein. Mit jeder Minute wurde sie größer in ihrem Sattel und strahlte, während ihre Augen in die Ferne zu blicken schienen.

Alles ist möglich, dachte ich nach diesen zwei Wochen mit dem »Camp Can Do«.

Jamie aus dem Dorf und ihre Töchter kamen oft am Samstag zu uns. Die Mädchen liebten Princess Julie und nutzten jede Gelegenheit, sie zu beobachten. Manchmal holte ich die Mädchen dazu, wenn ich mich um die Pferde kümmerte, oder nahm sie mit auf unserem Spaziergang zum Strand.

Jamie hatte jedoch nicht nur zwei Töchter, sondern auch einen 12-jährigen Sohn. Dennis saß im Rollstuhl und konnte kaum sprechen. Ich sah ihn nur selten, denn er wurde morgens von einem Kleinbus abgeholt und in eine spezielle Schule gebracht, während seine Schwestern auf ihrem Schulweg immer an unserem Haus vorbeiliefen. Lennon mochte Dennis: Er begrüßte ihn immer wie einen Kumpel, wenn seine Mutter ihn im Rollstuhl bei uns vorbeischob. Dennis lachte dann.

Der Junge konnte seinen Oberkörper kaum aufrecht halten und sein Kopf fiel immer leicht zur Seite, aber er war fröhlich. Er verdrehte die Augen, um zu Kalakunjin aufzusehen, die vor ihm stand. Mit seiner ausgestreckten Hand kam er nicht an sie heran.

Seine Mutter wirkte ängstlich, als Lennon anbot, dass er Kalakunjin einmal streicheln könne.

»Kann ich ihn aus dem Rollstuhl heben, damit er an sie herankommt?« Lennon sah Jamie an. Sie nickte. In Lennons Armen wirkte der schmale Junge wie ein Fliegengewicht. Lennon hielt ihn und Dennis streckte die Arme aus. Dennis lachte auf, als seine Hände auf Kalakunjins Rücken lagen. Sie hielt still und wartete.

»Er reagiert nicht oft so«, verriet Jamie und lächelte.

»Magst du das Pferd?«, fragte Lennon. Dennis nickte. »Möchtest du auf dem Pferd reiten?«

»Horsey«, sagte Dennis und strahlte, den Blick auf Kalakunjin geheftet.

»Ich denke nicht, dass das geht«, gab Jamie zu bedenken.

»Nur ein Versuch, wir werden sehen. Veronika und ich stützen ihn fest.«

Jamie zuckte mit den Schultern und nickte. Lennon hatte recht. Wir hatten ja gerade erst gelernt, was alles möglich war. Ich zog Kalakunjin schnell ein Halfter über den Kopf und führte sie an die dreistufige Aufstiegshilfe, die Lennon sorgfältig entworfen und gezimmert hatte. Lennon stieg mit Dennis hoch und ich hielt das Bein des Jungen auf der anderen Seite, als Lennon ihn auf Kalakunjins Rücken hob.

Dennis saß da, gestützt von Lennon. Ich reichte dem Jungen die Zügel, ohne sie zu straffen. Mit beiden Händen hielt er sich am Voltigiergurt fest. Sein Oberkörper war kerzengerade. Lennon nahm vorsichtig die Hände weg und hielt Dennis am Bein.

»Du machst das ganz allein!«, rief Lennon. »Dennis ist auf dem Pferd!«

Dennis grinste und öffnete den Mund, als wollte er »Ja!« schreien.

»Lass uns ein paar Schritte gehen«, meinte Lennon dann zu mir. Wir liefen in Jamies Richtung, die eine Hand vor den Mund hielt. Dennis schwankte leicht, doch er hielt sich aufrecht. Zumindest für ein paar Meter, dann krümmte er sich nach vorn wie im Rollstuhl.

»Genug für heute, Cowboy!« Lennon hielt Dennis' Oberkörper und hob ihn herunter.

»Er hat noch nie so gerade gesessen«, stellte Jamie mit glänzenden Augen fest.

Lennon setzte Dennis vorsichtig im Rollstuhl ab. »Wir sollten das demnächst wiederholen.«

»Horsey«, sagte Dennis und klatschte.

Es musste an der Haltung auf dem Pferd liegen: Die Beine wurden gespreizt, die Hüfte wurde geöffnet, das war eine ganz andere Position als in einem Stuhl. Dadurch richtete er wahrscheinlich unwillkürlich seinen Rücken auf. Vielleicht konnte das Reiten seine Rückenmuskulatur stärken.

Alles war möglich. Man musste nicht gehen können, um auf einem Pferd zu sitzen.

K(l)eine Wunder

Dieser Nachmittag mit Dennis, der Blick seiner Mutter und die glücklichen Gesichter während des Camps gingen mir nicht mehr aus dem Kopf. Lennon erging es ebenso. Ancil Torres war ein Vorbild. Wir waren uns einig: Wenn es noch mehr Kinder gab, denen wir helfen konnten, dann wollten wir das tun.

Eine Frau kam mit ihrer dreijährigen Tochter zu uns. Das Mädchen war gehbehindert. Die Mutter erzählte mir, sie sei laut den Ärzten gesund – nur laufen wolle sie eben immer noch nicht. Die Kleine mit dem frechen Grinsen erinnerte mich an Matilda. Als sie zum ersten Mal auf Jennifer saß und ich sie festhielt, spürte ich ihre weichen Beine. Oben auf Jennifers Rücken machte sie sich plötzlich aber ganz groß. Wir liefen dann mit den Pferden zum Strand. Als wir sie ins Wasser führten, setzte ich mich hinter die Kleine auf Jennifers Rücken und schlang einen Arm um die Dreijährige. Shawari schwamm vorneweg und Jennifer gab sich Mühe, bei seinem Tempo mitzuhalten. Unsere Beine pflügten durch das Wasser und das Mädchen juchzte. Als wir sie nach einer halben Stunde vom Pferd herunterholten, zappelte sie in der Luft mit den Beinen. Die schienen plötzlich einen Bewegungsdrang zu haben ...

Niemand erwartete eine Wunderheilung, aber die Mutter kam fortan einmal wöchentlich mit ihrer Tochter wieder. Nach einiger Zeit erzählte sie uns, dass ihre Tochter immer aktiver werde und vielleicht bald schon größere Strecken allein gehen könne.

Dann gab es da ein Pferd, dem wir helfen mussten. Divo, ein Englisches Vollblut, ein Wallach, war erst sieben Jahre alt und schon ausrangiert. Eine Verletzung hatte seine Karriere als Renn-, später als Spring- und Dressurpferd beendet. Seine Besitzerin hatte keine Verwendung mehr für ihn und bat uns, ihn zu nehmen.

Unsere vier Pferde waren eine eingeschworene Gemeinschaft, eine Familie. Divo hatte hingegen noch nie in einer Herde gelebt. Was er kannte, war ein Leben in der Box, aus der er nur herausgeholt wurde, um zu trainieren und Preise zu gewinnen. Und darin war er gut gewesen, bis sein verletztes Bein seine Karriere beendete. Bei uns beanspruchte Divo sofort die Rolle des Anführers für sich. Und Shawari war weise genug, dem Jungspund diese Rolle zu überlassen.

Sobald wir Divo laufen ließen, hatte er Spaß und tobte sich aus. Die anderen Pferde stürmten ihrem neuen Anführer hinterher, vorbei an erschrockenen Dorfbewohnern. Dieses hyperaktive Pferd nannten wir Mr. Divo.

Mit der neuen Umgebung, die so ganz anders war als sein Pferdestall und die Rennbahn, die er kannte, musste er erst vertraut werden. Manchmal zog er sich kleine Verletzungen auf dem steinigen Untergrund an der Klippe zu. Eines Tages, einige Wochen, nachdem er bei uns angekommen war, fiel er bei unserem Spaziergang auf einem Feldweg entlang in ein Loch. Jemand musste zu irgendeinem Zweck eine Grube ausgehoben, mit Zweigen verdeckt und dann vergessen haben. Niemand von uns sah die Gefahr. Divo stürzte in zwei Meter Tiefe. Lennon und ich konnten den Jungen, der auf seinem Rücken saß, gerade noch packen, bevor der Wallach in Panik geriet. Er trat wild um sich, bis er auf dem Rücken lag und sich mit den Beinen verkantete. Steine und Korallen ragten aus dem Boden und den Wänden der Grube. Das Pferd wieherte und keuchte.

Lennon rannte los und schaffte Jutesäcke heran, die er an die Seiten legte, damit Divo sich nicht weiter verletzte. Zwei Männer eilten ihm zu Hilfe. Zusammen stiegen sie in die tiefe Grube. Es gelang ihnen, das Pferd teilweise hochzuhieven, doch er schaffte den Sprung letztlich nicht. Die beiden Männer verabschiedeten sich schließlich wieder schweren Herzens, als die Lage auch nach zwei Stunden noch aussichtslos aussah. Divo war geschwächt, doch Lennon ließ nicht locker. Irgendwann mobilisierte das Pferd noch einmal seine letzten Reserven und Lennon drückte ihn im richtigen Moment – er wusste selbst nicht mehr, woher er seine Kraft nahm – am Hinterteil hoch. Divo schaffte den Sprung mit letzter Kraft.

Seine kleinen und großen Schürfwunden heilten dank des Salzwassers dann zum Glück schnell.

Zimbus Ankunft ein Jahr später war hingegen ein regelrechter Schock für die Herde. Seine Reise begann in Brasilien, wo er geboren wurde, und führte ihn über Florida nach Trinidad, bis er dort wegen einer Sehnenscheidenentzündung nicht mehr als Springpferd für Wettbewerbe zu gebrauchen war.

Shawari, Kalakunjin, Mr. Divo, Jennifer und das Fohlen standen vor unserem Grundstück, während ich mit dem Hannoveraner den Weg hinauflief. Lennon hatte sie als Empfangskomitee herausgetrieben. Einer nach dem anderen erstarrte beim Anblick des Neuankömmlings: Da war Angst in ihren Augen. Jennifer trat mit ihrem Fohlen sofort die Flucht an, zurück auf die sichere Koppel, Shawari und Kalakunjin folgten ihr. Es war, als hätten sie einen Geist gesehen. Und vermutlich war es genau das. Diese vier Pferde hatten wahrscheinlich noch nie ein weißes Pferd gesehen und auch noch nie so ein großes, anders konnten wir uns ihre Reaktion nicht erklären.

Sie blieben ängstlich, nahezu panisch, sodass Zimbu die ersten Nächte getrennt von den anderen verbringen musste. Wir führten sie jeden Tag auf das Fußballfeld unten im Dorf, wo sie zusammen grasen konnten, doch sie hielten sicheren Abstand zu ihm. Shawari war der Erste, der dann auf den Fliegenschimmel zuging und ihn beschnupperte. Und nachdem Shawari ihn für okay befunden hatte, akzeptierten ihn nach und nach auch die anderen.

Als Lennon Zimbu wenig später den Strand zeigte und die erste Welle seine Hufe umspülte, sprang er so panisch hoch, dass Lennon sich fast vor ihm in Sicherheit bringen musste. Und bei jedem neuen Versuch das gleiche Bild: Sobald er den ersten Wasserspritzer verspürte, ging er in die Luft wie ein panisches Kätzchen, das sich am liebsten auf Lennons Schultern retten würde. Ein ziemlich großes und schweres Kätzchen allerdings.

Lennon gab aber trotzdem nicht auf und ging jeden Tag mit Zimbu allein zum Strand. Schritt für Schritt arbeiteten sie sich in den Wellen vorwärts. Erst nach etwa drei Wochen war die Hemmschwelle überwunden. Mittlerweile schwimmt Zimbu übrigens so gern, als wäre er im Wasser geboren worden.

Von Anfang an hatte er seine neue Aufgabe sofort begriffen und war geduldig und ruhig im Umgang mit Kindern – manchmal waren es die kleinsten Kinder, die den sanften Riesen am meisten liebten. Er ist das einzige Warmblut der Herde und von Natur aus ruhig und gemütlich.

Erst Divo und dann Zimbu hatten das Gleichgewicht in der Herde verschoben. Es brauchte Zeit, aber die Herde passte sich an. Wir konnten Zimbu schließlich sogar auf eine Koppel mit dem selbstbewussten Mr. Divo stellen. Der große weiße Wallach war ein Kumpeltyp, der sich mit allen Pferden hier verstand. Mit dieser Herde verbrachten die beiden Tag und Nacht, auf der Wiese neben unserem Grundstück, am Strand oder auf der Freifläche oben an der Klippe.

Der Zufall regelt manchmal erstaunliche Sachen. Und vielleicht soll es auch so sein, dass sich die Bahnen von bestimmten

Menschen irgendwann, wenn der Zeitpunkt gekommen ist, kreuzen.

Eine Deutsche kam mit ihrem indischen Mann zu uns. Während unserer Tour durch die Mangroven und am Strand entlang erzählte ich Usha von unserem Wunsch, unsere Pferde für therapeutisches Reiten einzusetzen. Wir hatten ja gesehen, wie die Bewegung eines Pferdes etwas bewirken kann beim Reiter, in emotionaler und in körperlicher Hinsicht. So etwas wie therapeutisches Reiten gab es hier in Tobago noch nicht.

Usha war genau die richtige Ansprechpartnerin. Sie lebte seit über zwanzig Jahren in Trinidad und Tobago und hatte hier und in Deutschland als Therapeutin in verschiedenen Krankenhäusern mit behinderten und verhaltensauffälligen Kindern gearbeitet.

Wir redeten noch lange an diesem Nachmittag. Sie erzählte mir, dass die Schamgrenze der Eltern von behinderten Kindern hier viel höher sei als in Deutschland. Die Leute schämten sich sehr, wenn sie ein behindertes Kind hätten, und würden lange warten, bis sie sich Hilfe in entsprechenden Institutionen suchten, wenn sie es denn überhaupt täten. Die Dunkelziffer sei vermutlich sehr hoch.

Usha öffnete mir die Augen und machte mir einmal mehr bewusst, wie anders dieses Land war, in dem ich jetzt lebte. Das Unwissen, die Skepsis und vielleicht auch Angst waren hier größer.

Mein Vater hatte selbst in der »Lebenshilfe« gearbeitet – eine staatliche Institution zur Förderung von behinderten Menschen – und uns Kinder mit seinen Schülern in Kontakt gebracht. Meine Eltern hatten sogar ein Jahr lang die Pflege für ein kleines Mädchen mit Downsyndrom übernommen. Ich war froh, damit aufgewachsen zu sein.

Seit Kurzem gab es in Tobago ein Zentrum für verhaltensauffällige und traumatisierte Kinder. Usha, selbst Physiotherapeutin, war mit einer der Therapeutinnen befreundet. Wir wollten beide eine Zusammenarbeit in Gang bringen.

Kurz darauf kamen Usha und ihre Freundin mit einigen der Kinder zu uns: Sie waren hyperaktiv, aggressiv oder kontaktscheu.

Ein Junge mit einer traumatischen Vorgeschichte, bei der es wahrscheinlich um Missbrauch ging, suchte sich Jennifer aus. Die Stute hatte immer noch ihre Grenzen, wenn es um Berührungen ging, aber mir fiel auf, wie still sie bei dem Jungen stehen blieb. Der Junge streichelte sie vorsichtig. Sie gingen sehr bedächtig miteinander um.

Ganz automatisch bildeten sich schon bei unseren Being-with-Horses-Sessions Teams aus Mensch und Pferd, als würden sie einander auswählen. Jennifer hatte immer ein Gespür für scheue misshandelte Seelen.

Wie positiv jeder Kontakt mit einem Pferd für die Kinder auch war, es gab ein Problem für den Großteil der Eltern: Die meisten hatten gerade genug Geld, um die Familie zu ernähren.

In Tobago gab es zwei staatliche Schulen für besondere Kinder – all die Kinder, die nicht auf eine normale Schule gehen konnten. An der Schule in Bon Accord wurden stumme, taubstumme und sprachlich zurückgebliebene Kinder unterrichtet.

Die Direktorin war auf unserer Seite, als wir ihre Kinder zu uns einluden. »Aber ich kann mir vorstellen, dass es mit einigen Eltern nicht so einfach wird«, warnte sie uns jedoch vor.

»Deswegen wäre es am besten, die Eltern kämen mit ihren Kindern mal einen Tag vorbei.«

Die Schule gab die Einladungen dann an die Eltern raus. Daraufhin meldete sich aber niemand. Was war das Problem? Es ging doch nur um einen Nachmittag.

Eine Frau kam auf eigene Faust: die Mutter der 16-jährigen Taleisha. Das Mädchen hatte das Downsyndrom und sprach nicht mit uns, aber sie fand schnell heraus, wer ihr Liebling war.

Nachdem ich ihr die Bürste in die Hand gelegt und gezeigt hatte, wie sie Kalakunjin striegeln konnte – mit einer Hand still am Körper des Pferdes, die andere mit sanften, langsamen Zügen –, hörte sie gar nicht mehr auf damit. Es war ein friedliches Bild: Sie streichelte und lächelte vor sich hin, sah nur auf, wenn Kalakunjin mal den Kopf hob und das Standbein wechselte.

Als wir in der Schule in Bon Accord anriefen, wunderte sich die Direktorin nicht sonderlich, dass niemand gekommen war. Sie nannte uns zwei Gründe: zum einen das Geld; solange es so aussehe, als könnte es die Familien etwas kosten, sei das Interesse gleich null. Und zum anderen hätten sie wahrscheinlich einfach Angst, dass Pferde für die Kinder gefährlich werden könnten.

Ich fand es zum Verzweifeln: Wie sollten wir die Eltern vom Gegenteil überzeugen? Wie sollte man außerdem die Kosten regeln, wenn niemand Interesse zeigte. Wir wollten die Sache erst ins Laufen bringen und wenn sich dann zeigte, dass die Kinder regelmäßig zu uns kommen wollten, dann konnte man die Eltern immer noch um einen kleinen Beitrag bitten. Aber offensichtlich funktionierte es nicht auf diese Art.

Also versuchte ich es von der anderen Seite her anzugehen. Ich schrieb an die Gemeinde und bat um finanzielle Unterstützung, damit die Kinder der Bon Accord School regelmäßig nachmittags zu uns kommen konnten. Als Antwort bekam ich ein Schreiben, in dem stand, dass ich erst mal etwas vorzeigen müsse. Ich sollte genauer vorstellen, was wir schon gemacht hatten, wer wir eigentlich waren und was genau wir wollten.

»Du musst es offiziell machen«, sagte Usha, als ich ihr davon erzählte. »Ihr müsst ein Verein werden und euch eintragen lassen, wenn ihr anerkannt werden wollt.«

Wir nannten den Verein »Healing with Horses« und ich zeichnete ein Logo – das war der einfache Part. Alles andere waren Anträge, Formulare und Anrufe. Ich versuchte es wirklich.

Lennon war draußen bei den Pferden und ich schlug mich mit Papierkram herum.

Ich wusste, worum es mir ging. Nur konnte ich es nicht gut genug auf Englisch formulieren.

Ich fand, wir hatten schon einiges vorzuweisen: Das Kinderzentrum konnte uns die positiven Auswirkungen der Equine Natural Therapy (Pferdetherapie) auf ihre Patienten bestätigen, dann war da Taleisha, die einmal die Woche zu uns kam und Kalakunjin streichelte, bis ihre Mutter sie wieder abholte. Und Dennis in seinem Rollstuhl.

Aber weder Lennon noch ich waren ausgebildete Therapeuten. Ich hatte noch nie Spenden und öffentliche Gelder beantragt. Ich war schlichtweg überfordert.

Zum Glück hatte ich Usha an meiner Seite.

»Wenn wir etwas Handfestes vorweisen können, sind die Chancen auf öffentliche Gelder größer.«

Wir brauchten etwas Großes. Ein Projekt.

Da gab es etwas, über das wir uns in der letzten Zeit immer wieder unterhalten hatten: Integration. Wir wollten behinderte Kinder mit den ›normalen‹ Kindern zusammenbringen – aber was hieß schon normal? Jeder war anders. Daniel zum Beispiel war vielleicht nicht so schnell wie wir und konnte sich nicht so gut mit Worten ausdrücken. Andererseits hatte er einen guten Draht zu den Pferden, sah immer, was sie brauchten, und erledigte seine Arbeit mit großer Sorgfalt. Das waren seine Talente.

»Wir sind doch alle unterschiedlich begabt«, sagte ich. Usha verstand, was ich meinte.

In den Sommerferien gab es hier Sommercamps für die Kinder. Unseres sollte offen für alle sein, wir planten ein integratives Sommercamp.

Das fertige Konzept lag sozusagen in Ushas Schublade. Ursprünglich sollte es dafür dienen, schwierigen Kindern aus

Deutschland mit ihren Therapeuten ein Sommercamp in der Karibik zu ermöglichen. Wir wandelten es für unsere Zwecke lediglich ab. Usha hatte die therapeutischen und ich die künstlerischen Kontakte.

Was Usha machte, das machte sie professionell. Und wenn ich etwas machte, dann musste es schnell gehen: Der Sommer stand vor der Tür, wir hatten acht Wochen Zeit, um alles zu planen.

Gewagt und gewonnen

»Wir müssen das Camp absagen.« Usha war am Ende ihrer Geduld.

»Nein. Unmöglich, drei Tage vor der Eröffnung.« Sommercamps waren hier in den Sommerferien sehr beliebt. Innerhalb weniger Wochen hatten sich 120 Kinder angemeldet. Darunter waren zwanzig schwierige und verhaltensauffällige Kinder, die wir in die Gruppen integrieren wollten.

Wir hatten mehrere Häuser angemietet und durften sogar das Gemeindezentrum und die Arena nutzen, die sonst für die Ziegenrennen vorgesehen war. Wir hatten uns etliche Aktivitäten für die Kinder ausgedacht. Die Lehrer, Instruktoren und Betreuer stammten aus dem Dorf, von Trinidad oder waren von weither, teilweise aus Deutschland, angereist. Was fehlte, war das Geld. Das wir jetzt brauchten. Der Restaurantbesitzer, der zwei Wochen lang für alle kochen wollte, musste spätestens am Montag sein Geld bekommen.

»Die Spenden hätten längst fließen müssen. Ich hab bis heute immer noch darauf gewartet, aber wenn jetzt nicht plötzlich Geld vom Himmel fällt …«

»Das Geld kommt schon noch. Wir können den Kindern nicht absagen!«

Lennon kam um die Ecke und stellte sich zu uns. »Darrel hat mich gerade gefragt, ob wir ihm versichern könnten, dass er am Montag das Geld bekomme.«

»Oh Gott, siehst du?« Usha schien sich bereits entschieden zu haben.

Darrel tat uns einen großen Gefallen damit, den Steel-Pan-Workshop für die Kinder zu leiten. Er hatte Lennon erst vor ein paar Tagen anvertraut, dass er gerade kaum genug Geld habe, um das Essen für sich und seine Familie zu bezahlen.

»Sag ihm, er wird sein Geld bekommen.« War ich die einzige, die noch hinter der Sache stand?

»Und wenn nicht, wovon willst du das Essen und die Leute bezahlen? Wir alle haben schon genug Geld vorgestreckt.«

Sie hatte recht. Wir hatten alle Leute mobilisiert, die wir kannten, um auf einem kleinen selbst veranstalteten Flohmarkt alles für den guten Zweck zu verkaufen, was wir entbehren konnten, und private Spenden gesammelt bei Freunden und Bekannten. Spielzeuge und Materialien stammten zum großen Teil aus unserem eigenen Fundus, alles war geliehen und gesponsert, doch die großen Posten konnten wir damit nicht bezahlen. Die Kinder und alle Helfer mussten zwei Wochen lang mit Essen und genügend Wasser versorgt werden.

»Es wird funktionieren. Wir sagen das Camp nicht ab!« Gesagt, und schon ging er wieder.

Ich blickte Usha gespannt an.

»Hoffentlich habt ihr recht!« Sie glaubte wirklich nicht daran, aber das war es, was ich an dieser Frau schon immer mochte: ihre direkte und offene Art.

Ich setzte mich am Freitagnachmittag also wieder ans Telefon. Es gab zwei Firmen in Tobago, in die wir unsere größte Hoffnung setzten. Ich stellte ihnen unsere Lage noch einmal dar, aber alles, was ich bekam, waren Versprechungen, dass man sich am Montag darum kümmern werde. Lennon sprach zudem noch mit ein paar Leuten, die wir um Spenden gebeten hatten. Mehr konnten wir nicht tun an diesem Wochenende.

Ich versuchte nicht darüber nachzudenken, wie viel von dem Geld abhing, das noch nicht da war. All die Leute, die wir bezahlen mussten ... Ein Artistik-Lehrer war da, eine Tänzerin, ein Ernährungscoach, eine Ergotherapeutin, eine Theaterpädagogin, eine Yoga-Lehrerin, Psychologen, Fachleute für Autisten, Sprachtherapeuten und Sozialarbeiter. Dazu kamen etliche weitere Helfer, die als Springer dort sein sollten, wo sie gerade gebraucht wurden.

Wir hatten kreative Menschen, die mit den Kindern malen und Kostüme und Accessoires gestalten wollten, denn am Ende der zwei Wochen sollten alle Kinder eine selbst gestaltete Show aufführen. Es gab einen Ruheraum und ein Spielhaus für die Pausen sowie ein kleines Zirkuszelt. Sport, Musik, indischer Tanz, Jonglieren und Trommeln standen auf dem Programm für die Kinder, Gebärdensprache und Reiten. Ushas und meine Ideen hatten sich wie von selbst ergänzt.

Die Zahl der Betreuer und Kursleiter war fast so hoch wie die der Kinder und alle taten das für den guten Zweck. Viel konnten wir nicht bezahlen. Teilweise arbeiteten die Leute für Kost und Logis. So viele waren gekommen, weil ich gefragt hatte: »Wolltest du nicht schon immer mal nach Tobago reisen? Jetzt kannst du dabei sogar etwas Gutes tun.« Ich kannte viele Menschen, die dafür offen waren.

Usha, Lennon, ich und alle Helfer, die aus Tobago, Trinidad und der ganzen Welt anreisten, wollten, dass die Kinder zwei Wochen lang Spaß hatten, sich entfalten konnten und neue Impulse bekamen.

Ich konnte mir nicht vorstellen, irgendwen – weder die Kinder noch die Helfer – zu enttäuschen. Es blieb uns also nichts, als abzuwarten.

Ich selbst lenkte mich am Wochenende vor der Camp-Eröffnung damit ab, dass ich mit meiner Mutter die letzten

T-Shirts für die Kinder und die Helfer bemalte: »HWH Summer Camp 2011«.

Also los!, dachte ich dann am Montagmorgen beim Aufstehen und sprach mir selbst Mut zu: »Alles wird sich ergeben, genau im richtigen Moment. Es wird ein toller Tag!«

Die Ziegenarena war unser Treffpunkt. Die ersten Kinder kamen gegen acht Uhr an, wurden am Registrierungstisch empfangen und bekamen entsprechend ihrer Gruppe farbige T-Shirts.

Jetzt kam ich plötzlich gar nicht mehr dazu, nachzudenken. Wir hatten alles vorab geregelt und trotzdem nahmen die Fragen kein Ende. Wer sollte wo hin? Welches Kind brauchte besondere Betreuung? Irgendwo fehlte immer noch irgendetwas, irgendwer brauchte unbedingt ein anderes T-Shirt. Usha fragte nicht mehr nach dem Geld, ein Blick genügte. Wir konnten uns aufeinander verlassen, weil alle sich auf uns als Camp-Direktorinnen verließen.

Gegen neun hatten sich alle Kinder und Helfer in der Arena eingefunden. Sie war damals nicht mehr als eine große halb vertrocknete Grasfläche mit alten dreireihigen Holztribünen ringsherum. Auf der einzigen überdachten Seite der Tribüne saßen die Kinder und Helfer über die zehn Bankreihen verteilt und sahen uns gespannt an. Ich war stolz. Wir hatten das auf die Beine gestellt. Aufregung und Vorfreude lagen in der Luft. Die Sonne lachte, und die Kinder lachten auch.

Mittags saßen alle beim Lunch und ich zog mich kurz an meinen Schreibtisch zurück. Ich hoffte auf eine erlösende Nachricht und rief meine Mails ab. Vergeblich. Wir hatten unserem Caterer 20.000 TT-Dollar aus eigener Tasche vorstrecken müssen ...

Die 120 Kinder zu betreuen fühlte sich an wie der Versuch, 120 Säcke voller Flöhe zu beaufsichtigen, und unsere Helfer waren erledigt, als das Programm um 17 Uhr beendet war.

Wir werteten dann den ersten Tag aus. Einige Freiwillige waren geschockt über ein paar sehr verwahrloste Kinder. Die

Verständigung untereinander war teilweise ebenfalls ein Problem. Der Tobago-Slang aus Kindermündern war schwer zu verstehen. Dazu kam die Hitze. Es gab sogar einige Sonnenstich-Patienten. Meine Mama war da eine große Stütze: Sie versorgte kleine Verletzungen und konnte mit ihrer Erste-Hilfe-Homöopathie-Ausrüstung oft helfen.

Ich war platt, als am Abend endlich Ruhe einkehrte. Und besorgt. Ich konnte sie alle nicht noch einen Tag länger hinhalten.

Der Anrufbeantworter blinkte und zeigte eine Nachricht an. Ich könnte eine gute Nachricht gebrauchen, dachte ich, als ich auf den Knopf drückte.

»Yes!«, rief ich Lennon entgegen, als er zur Tür reinkam. Morgen hätten wir die erste große Spendensumme, die wir benötigten, auf dem Konto!

Von da an lief natürlich nicht alles glatt. Aber wir konnten durchatmen.

Ein zwölfjähriger Junge in meiner Gruppe schlug in den ersten zwei Tagen aggressiv um sich. Er griff seine Betreuerin an und andere Kinder und ich konnte ihn gerade so davon abhalten, auf Kalakunjin loszugehen. Er schrie und tobte und heulte. Niemand wusste, warum.

Nachdem sein Sturm sich gelegt hatte und er ganz ruhig war, führte ich ihn zu Shawari. Ich erklärte ihm, er müsse ruhig bleiben, um auf ihm reiten zu können. Bei der Abschluss-Aufführung saß er auf Shawari wie ein stolzer Krieger. So ein Anfall hatte sich bei ihm nicht wiederholt. Erst nach der Show fing er wieder an zu schluchzen. Weil er nicht wollte, dass das Camp vorbei war.

Wir hatten am Ende den Eindruck, dass wir vieles richtig gemacht hatten. Usha und ich waren uns vor allem darüber einig, dass die Integration gut funktioniert hatte. Wir konnten Kinder mit verschiedenen Bedürfnissen zusammenbringen und es hatte sich gezeigt, dass Kinder kein Problem damit hatten, wenn jemand anders war.

Zwei Wochen nach dem Camp traf ich ein Mädchen, das teilgenommen hatte, in Scarborough wieder. Ich sah die Achtjährige erst, als sie vor mir stand und mich ansprach. »Das war mein schönstes Camp bisher!«, sagte sie und strahlte mich mit ihren großen weißen Zähnen an.

Und es würde ein nächstes Camp geben und wir würden es früher planen. Denn das hier war Tobago, alles brauchte seine Zeit.

Princess Julie

»Ich bin mit Pferden verheiratet«, stöhnte Lennon, als der Wecker klingelte.

»Die Pferde können auch mal warten«, sagte ich und legte meinen Arm über seine Schulter. Wir brauchten beide etwas Entspannung. Das zweite Sommercamp hatte das vom letzten Jahr noch getoppt: 155 Kinder und 120 Trainer, Lehrer, Betreuer und Helfer – viele vom ersten Camp waren wieder dabei gewesen. Ich hatte einfach zu keinem Kind Nein sagen können. Und es hatte sich wieder gelohnt.

Als ich das Zusammengehörigkeitsgefühl am Ende der zwei Wochen miterlebte, die Momente, wenn die Helfer unter Tränen versprachen, auf jeden Fall wiederkommen zu wollen, hüpfte mein Herz. Eine Pferdebesitzerin aus Trinidad, die mit ihrem Kind bei uns war, schrieb: »Das Beste, was ich jemals getan habe, war diese Zeit als Freiwillige im Sommercamp von ›Healing with Horses‹. Ich hätte nichts Besseres tun können für mich selbst, meine Tochter, für die Kinder, die ich noch nie vorher getroffen habe, und für diese Tiere, denen ich schon mein ganzes Leben lang verfallen bin.« Ich druckte mir solche Nachrichten aus und heftete sie ab. Diese wollte ich am liebsten einrahmen.

Leider bekam man dadurch aber auch nicht leichter Spenden und öffentliche Gelder. Es war ein andauernder Kampf, den ich allein, ohne Usha, bestreiten musste, denn die war zwischenzeitlich umgezogen nach Guyana.

Aber jetzt, Wochen nach dem Camp, fühlte ich mich immer noch ausgelaugt. Die Vorbereitungen neben dem normalen Betrieb mit den Kindern, Touristen und Pferden hatten uns alles abverlangt. Es war, wie Lennon sagte: Die Pferde bestimmten unser Leben.

Ich brauchte eine Ausflucht, wenn auch nur eine kleine. Deshalb stand ich trotzdem früh auf, um gleich zu Elspeth ins Auto zu steigen. Zusammen mit meiner Freundin und gleichzeitig Lieblings-Yogalehrerin gönnte ich mir ein freies Wochenende in Port of Spain, ihrer Heimatstadt. Wir wollten die Fähre um sieben Uhr erreichen. Als ich nach dem Duschen noch einmal nach Lennon sah, war er wieder eingeschlafen.

Elspeth und ich schwankten nach dreieinhalb Stunden Seegang von Bord der Fähre. Sie nahm meinen Arm und hakte sich bei mir ein. An diesem Wochenende wollte ich nicht über Pferde nachdenken. Mir war nach Shoppen in einem indischen Bazar.

Mein Handy piepte, als ich zwei Stunden später zwischen bunten Saris und duftenden Räucherstäbchen meinen Einkaufswagen vor mir herschob. Es war eine Nachricht von meiner Mutter, die inzwischen ganz nach Tobago umgezogen war: »Princess Julie ist von der Klippe gestürzt, es sieht nicht gut aus. Komm bitte sofort zurück, Lennon braucht dich.«

Ich starrte auf mein Display und las die Nachricht noch einmal. Das musste ich von meiner Mutter selbst hören. Ich rief sie an. Sie nahm sofort ab.

»Veronika, hast du die Nachricht gelesen?«, rief sie aufgeregt. »Princess steht unten auf der Klippe. Ich habe keine Ahnung, wie das passiert ist, aber wir brauchen dich hier!«

Ich verstand noch etwas von einem Kran und dann hatte sie auch schon aufgelegt. Offensichtlich war zu Hause gerade eine Katastrophe im Gange. Unser Fohlen, sie war doch erst drei Jahre alt …

Elspeth hatte wohl aus meinen verwirrten Fragen geschlossen, worum es ging. »Du musst auf jeden Fall gehen. Ich komm schon allein klar!«, sagte sie, als ich sie geschockt ansah.

Wir eilten auf die Straße und Elspeth sah sich nach einem Taxi um, das mich zum Flughafen brachte. Das Taxi fuhr durch die ganze Stadt, dann auf den Highway, der für einen Samstagmorgen ausnahmsweise natürlich ziemlich überfüllt war.

Ich sah aus dem Fenster. Von der Klippe gestürzt? Was passierte wohl jetzt gerade in Buccoo? Wie schwer war sie verletzt? Meine Handflächen waren klatschnass und Hoffentlich hatte Lennon Hilfe, wenn ich schon nicht da war.

In den letzten Tagen hatte ich ihn ein wenig hängen lassen. Ich war zwar nicht die Einzige, die sich beim Sommercamp verausgabt hatte, aber Lennon steckte das anscheinend leichter weg als ich. Ich war immer öfter länger im Bett geblieben als er, während er die Pferde versorgte. An einem freien Tag ohne Reit-Sessions setzte ich mich an den Computer und erledigte lieber die Mails und die Anfragen. Für den Verein gab es immer etwas zu tun oder ich hatte Skype-Meetings mit Journalisten, sodass Lennon irgendwann allein mit den Pferden an den Strand ging.

Aber trotzdem – ich steckte den anstrengenden Alltag nicht so leicht weg wie Lennon. Wann immer es ging, hatte ich mich in den letzten Monaten zurückgezogen. Ich hatte mein Yoga und meine Abende mit Elspeth. Was hatte Lennon?

Ich rieb mir über die Augen und fuhr mit den Händen durch die Haare.

»Alles okay?«, fragte der Taxifahrer neben mir.

»Nein, ich mach mir Sorgen um mein Pferd. Es ist verletzt, deswegen muss ich schnell zurück nach Buccoo.«

»Klingt ernst«, erwiderte er und sah mich besorgt an. »Ist nicht mehr weit bis zum Flughafen. Aber bei dem Verkehr heute … unter 45 Minuten wird das wohl nichts.«

Von Port of Spain flog fast stündlich eine Maschine nach Tobago. Ich buchte einfach auf den nächsten verfügbaren Platz und hoffte, dass es nicht zu lange dauerte. Ich musste zum Glück nur knapp dreißig Minuten warten.

Es war schon fast fünf Uhr am Nachmittag, als ich Lennon und meine Mutter oben auf dem Grundstück an der Klippe bei Princess Julie fand, die zerschrammt wirkte und nur noch halb lebendig aussah. Über dem rechten Auge hatte sie eine klaffende fleischige Wunde. Lennon pulte mit dem Finger daran herum und versuchte Bröckchen von Steinen und Korallen herauszuzupfen. Meine Mutter presste ein Tuch auf eine große Wunde am Hintern des Pferdes. Als sie das Tuch abnahm, blieb Julies Fleisch nicht an seinem Platz. Ich musste den Würgereiz runterschlucken. Da kam ein ganzer Muskel aus der offenen Wunde heraus.

Nachdem sie das Tuch ausgespült und mit einer Kräuterlösung getränkt hatte, drückte sie es wieder auf das Fleisch und schob den Muskel an seinen ursprünglichen Platz. Princess Julie wehrte sich nicht mal, atmete nur flach und ab und zu flatterten ihre Lider schwach. Noch nie hatte ich ein derart zugerichtetes Pferd gesehen. Ich nahm eine Schüssel mit Wasser und versuchte sie zum Trinken zu bewegen. Das war genauso schwierig wie der Versuch, aus Lennon oder meiner Mutter herauszukriegen, was genau sich hier zugetragen hatte.

Lennon rieb sich verzweifelt übers Gesicht. Seine Hände waren dreck- und blutverschmiert. Er hatte Schrammen und Schürfwunden an den Beinen und Blut an den Händen – sein eigenes oder Julies, ich wusste es nicht.

»Die Tierärzte glauben, sie schafft es nicht«, sagte er. »›Put her down‹, haben sie gesagt. Ich werde sie nicht einschläfern. Wir warten ab.«

Meine Mutter sah blass und abgekämpft aus. »Ich kann nicht mehr«, sagte sie.

Die Sonne stand bereits tief am Horizont.

»Schon gut, ich bin ja jetzt hier«, sagte ich und sie ging hinunter Richtung Haus.

Princess Julie bewegte sich nicht. Unmöglich, dass sie hinunter zum Stall laufen könnte. Lennon holte ein kleines Zelt, damit wir bei ihr übernachten konnten. Er sah verschwitzt und müde aus und wirkte, als hätte er den schlimmsten Tag seines Lebens hinter sich. Vermutlich gab es nur einen Tag, der noch schlimmer war, der Tag seines eigenen Unfalls.

Er konnte sich kaum von Princess Julie trennen, entschied sich dann aber doch für eine Dusche.

Ich sah ihm hinterher, als er über den Schotter die Wiese hinunterlief in seinen Bermuda-Shorts, seinem blauen T-Shirt mit dem Superman-Logo und seinen Flipflops, die genauso staubig und lädiert aussahen wie die Füße, an denen sie hingen. So erschöpft hatte ich ihn noch nie erlebt. Auch nicht so niedergeschlagen. Mit einer Hand auf Julies Herz fragte ich sie: »Was ist nur mit dir passiert?«

Ich wünschte mir, sie hätte reden können.

Sie schien immer noch unter Schock zu stehen.

Als Lennon zurückkam, zitterten seine Knie und Hände. »Ich bin so fertig«, sagte er und setzte sich vor das Zelt. »Weißt du, das Superman-T-Shirt, das mir unsere Freundin Gabi mal geschenkt hat, mir ist erst eben vorm Duschen aufgefallen, dass ich das den ganzen Tag getragen habe.«

»Wie hast du sie gefunden?«, fragte ich. Mit schwacher Stimme fing er an zu erzählen.

Nachdem er ausgeschlafen hatte, war er zu den Pferden hochgegangen. Es war viel später als sonst. Sie grasten friedlich, nur Princess Julie war nicht bei der Herde. Das beunruhigte ihn noch nicht, er dachte, sie wäre ein bisschen oben spazieren gegangen. Als er sie nicht im Gebüsch, nicht hinter den Bäumen und nicht auf dem Weg fand, der von der Klippe hinten herum ins Dorf führte, fragte er jeden, den er traf, ob hier ein Pferd vorbeigekommen sei. Aber niemand hatte sie gesehen.

Verwundert lief er dann zurück zu den anderen Pferden und rief nach Princess, während er auf dem Gelände auf und ab ging. Er sah und hörte sie nicht. Als er an den Rand der Klippe trat, entdeckte er sie schließlich auf den Felsen unter sich. »Julie da unten? Das konnte doch nicht sein. Ich bin dann ein paar Schritte von der Klippe weggegangen und hab ein paar Sekunden gewartet. Dann bin ich wieder an den Rand getreten: Sie war immer noch da unten.«

Lennon schüttelte den Kopf, als erlebte er alles in diesem Moment noch einmal.

Sie stand stocksteif da, zitterte und schon aus der Entfernung konnte er erkennen, dass sie verletzt war. Das waren über zehn Meter, die sie hinabgestürzt war, und sie gab keinen Ton von sich. Er sah wieder zu den anderen Pferden, die seelenruhig grasten. Nicht mal Julies Mutter hatte etwas mitgekriegt.

Sofort rief er seinen Freund an, der auf der Baustelle arbeitete, und bat ihn, einen Kran zu organisieren. Dann kletterte er mühsam zu ihr hinunter. Neben ihr fand er kaum noch Platz und traute sich fast nicht, sie anzufassen. Von Nahem sahen die Verletzungen schlimmer aus als von oben. Sie rührte sich nicht, aber sie schnaubte einmal schwach, als wüsste sie, dass Lennon ihr helfen würde.

Als er das erzählte, bewunderte ich wieder einmal diesen Mann, der früher gar nichts mit Pferden zu tun gehabt hatte und sich nun so intuitiv in unsere Tiere einfühlte, als gäbe es einen unsichtbaren Draht zwischen ihnen.

Er blickte an der Klippe nach oben. Ein Pferd konnte da niemals hochklettern, selbst wenn es unverletzt war. Die Sonne prallte auf den Felsen, obwohl es erst halb zehn am Morgen war. Das Wasser klatschte knapp einen Meter unter ihnen wild an die Felsen. Lennon kletterte wieder hoch und rief den einzigen ortsansässigen Tierarzt an, der aber eigentlich nur für Kleintiere zuständig war. Von einer Angestellten am Telefon wurde er auf später vertröstet, der Tierarzt sei gerade in einer OP.

Er telefonierte weiter und kletterte dann wieder zu Julie hinunter, beruhigte sie, versuchte sie mit einer Decke vor der Sonne zu schützen und ihr Wasser einzuflößen. Ihre Wunden, in denen scharfe Korallenstückchen und Steine steckten, mussten dringend versorgt werden, sie war völlig verängstigt und der Sonne ausgeliefert.

Etwas später kam meine Mutter an, zwei Freunde aus dem Dorf und eine Tierärztin aus Deutschland. Diese Tierärztin hatte jedoch keine Medikamente, sie war hier im Urlaub. Und der einheimische Tierarzt war noch immer nicht zu erreichen. Hilflos standen sie oben an der Klippe. Lennon wartete auf ein Zeichen von Hilfe, aber die kam nicht.

Gegen elf Uhr erreichte er den Tierarzt zwar, aber der wehrte gleich ab, da er sich mit Pferden ohnehin nicht auskenne und erst andere dringende Termine erledigen müsse.

Einziger Lichtblick: Der Kran kam. Die Gurte wurden herabgelassen und Lennon legte sie um Princess Julies Körper. Er stand neben ihr und gab den Befehl zum Hochziehen. Das Seil spannte sich und ihre Füße verloren den Kontakt zum Boden. Sie zuckte zusammen und schlug mit den Beinen um sich. Sofort schaukelte das Seil gefährlich.

»Stopp!«, schrie Lennon, eingekeilt zwischen der Felswand und dem verängstigt ausschlagenden Pferd, das sich noch weiter verletzte. Ohne Betäubung würde das nicht funktionieren.

Das Warten ging weiter. Verzweifeltes Auf und Ab zwischen Princess Julie und den Freiwilligen oben. Niemand außer Lennon traute sich nach unten. Verzweifelt starrte er auf das reglose Pferd hinunter, das rohe Fleisch über dem Auge sah böse aus und wurde von der Sonne förmlich gegrillt. Dass sie überhaupt noch aufrecht stand, war ein Wunder.

Der Tierarzt war geschockt, als er endlich ankam, weigerte sich aber zu helfen, weil er noch nie ein Pferd betäubt hatte und sich nicht runtertraute. Verzweifelt versuchte Lennon ihn zu überzeugen. Es war die einzige Möglichkeit. Irgendwann würde Princess Julie da unten zusammenbrechen.

Er habe schon einmal eine Kuh betäubt, gab der Tierarzt zu, könne aber nur Vermutungen anstellen, ob ein Pferd die gleiche Dosis bekomme. Irgendwann siegte dann aber das Mitleid und er kletterte tatsächlich mit Lennon die Klippe hinunter. Es war mittlerweile nachmittags um zwei, das Pferd stand seit dem frühen Morgen dort unten.

Als die Betäubung zu wirken begann, schlang Lennon ein großes Tuch um Julies Bauch, legte die Gurte darüber und kletterte diesmal zu seiner eigenen Sicherheit nach oben. Er gab das Signal und der Kran setzte sich ein zweites Mal in Bewegung. Princess Julie blieb ruhig, als sie langsam vom Boden abhob, ein paar Zentimeter, einen Meter, zwei Meter – plötzlich sackte sie wieder ab. Lennon blickte hoch, sah den Arm des Krans auf sich zukommen und sprang zur Seite. Das Pferd war zu schwer, der Untergrund zu uneben für den Kran. Was musste dieses Tier noch durchmachen?

Erleichtert sah er, dass Julie wieder sicher auf dem Felsen stand, sie konnten es nochmals probieren. Schnell wurde das Fahrzeug in eine stabilere Position gebracht. Diesmal musste es klappen. Und wirklich: Princess Julie ließ sich Meter um Meter hochziehen.

Beide Tierärzte sahen sie an und waren sich einig: Für dieses Pferd konnten sie gar nichts mehr tun. Sie waren sich einig, dass sich kein Tier von solchen Verletzungen erholen könne.

Damit waren Lennon und meine Mutter auf sich allein gestellt. Die anderen Pferde liefen aufgeregt umher und wieherten seit dem Moment, als sie das jüngste erblickt hatten.

Die Sonne hatte die offenen Stellen übel zugerichtet, an einigen Stellen waren die Ränder verbrannt. Der Dreck musste auf jeden Fall raus aus dem Fleisch. Lennon holte dann mit dem Pick-up kanisterweise Wasser, um die Wunden auszuspülen. Julie stand da und ließ alles mit sich geschehen

Am schlimmsten waren die Verletzungen am Kopf und am Hinterteil. Lennon entschied, alles Nötige zu tun, um Princess Julie zu retten, und meine Mutter unterstützte ihn dabei: Dieses Pferd hatte stundenlang allein dort unten gekämpft und sich oben sofort wieder aufgerichtet. Sie war stark und er würde sie nicht aufgeben.

Als er das wiederholte, sah er mich mit glasigen Augen in der Dunkelheit an.

Vielleicht hatte sie beim Grasen in der Morgendämmerung nicht aufgepasst und war abgerutscht, vielleicht hatte es einen Erdrutsch gegeben. Lennon wollte morgen noch einmal bei der Gemeindeverwaltung anrufen. Wir hatten noch immer keine Genehmigung erhalten, das Gelände für die Pferde zu nutzen. Ohne Genehmigung durften wir aber keinen festen Zaun bauen. Der Draht, den wir notdürftig und unauffällig an einigen Stellen spannten, hatte in diesem Fall rein gar nichts genutzt. Und das Ergebnis war eine Katastrophe.

Lennons Zittern wurde zu Schüttelfrost. Er brach erschöpft auf seinem notdürftigen Bett zusammen. Ich deckte ihn zu und streichelte seinen Arm, bis er schlief. Dann setzte ich mich wieder neben Julie, prüfte ihren Atem und legte ihr die Decke über. Der Stoff auf ihrem verletzten Körper war sicher nicht das Angenehmste, aber Ungeziefer wäre schlimmer. Julie schien das aber nicht mal zu spüren.

Kalakunjin stand regungslos in drei Metern Entfernung von uns und blickte auf Julie.

Ich dachte daran, wie Princess sich immer ganz nah an den Körper ihrer Mutter gedrückt hatte, als sie gerade geboren war.

Sie war das süßeste Fohlen, das ich jemals gesehen hatte. Sie war von Anfang an etwas Besonderes gewesen.

Nach ein paar Minuten konnte ich kaum noch meine Augen offen halten, ich war seit fünf Uhr auf den Beinen. Kalakunjin jedoch schien weiter über ihre junge Freundin zu wachen.

Ich kroch ins Zelt neben Lennon. Im Moment konnte ich nichts weiter für Princess Julie tun.

Als ich am nächsten Morgen erwachte, fand ich Lennon am Rand der Klippe sitzend vor, er sah aufs Meer hinaus.

Ich setzte mich neben ihn, wir schwiegen, er hielt mir eine Flasche mit kaltem Kokosnusswasser hin.

Ich nahm sie, trank einen Schluck und starrte auf die Wellen. Plötzlich tauchte etwas Graues knapp oberhalb der Wasseroberfläche auf, kurz danach eine graue Flosse und eine zweite dicht daneben.

Lennon zeigte mit dem Finger drauf. »Delfine, siehst du?«

Ich suchte die Wasseroberfläche ab. Nur ein paar Meter weiter streckten die beiden Delfine gleichzeitig ihre Köpfe aus dem Wasser, dann zogen sie sie wieder zurück, sprangen los und schwammen weiter.

»Hab ich dir von den Delfinen gestern erzählt? Sie sind aufgetaucht, in dem Moment, als der Kran kam. Ich hab stundenlang auf Hilfe gewartet, stand unten bei Julie, hab ihr Salzwasser übergekippt zur Abkühlung, ich wusste nicht, was ich machen sollte. Ich war einfach nur verzweifelt. Da sind zwei Delfine aufgetaucht, haben zu uns herübergesehen, ich glaube, sie haben schon stundenlang über Julie gewacht. Da hab ich es von oben gehört, dass der Kran anrollt. Das war ein Zeichen.«

Mehr geht immer

Lennon humpelte neben Princess Julie her, als wir sie am nächsten Morgen hinunter zu den Ställen führten. Nur langsam kamen wir voran. Sie konnte sich kaum bewegen.

Lennon hatte sich verletzt, als er immer wieder an der Klippe hinauf- und hinuntergeklettert war. Er hatte nicht auf sich selbst geachtet. Das musste ich jetzt tun.

Princess Julies Wunden waren so groß, dass wir sie nicht dem Salzwasser aussetzen konnten, obwohl wir schon gesehen hatten, wie das die Wundheilung bei Pferden unterstützte. Lennon hatte auch seine ureigenen Gründe: Er wollte Princess Julie vor Blicken und Fragen der Menschen beschützen.

»Ich brauche nicht noch mehr Leute, die mir sagen, dass dieses Pferd nicht mehr wird«, sagte er. »Sie ist stark, sie schafft das.«

Er war geradezu eisern in seinem Glauben.

Lennon hielt sich in den ersten Tagen fast durchgängig bei ihr auf. Sie war lethargisch, hielt sich aber auf den Beinen.

Wir versorgten die Wunden und versuchten die Fliegen fernzuhalten. Neben homöopathischen Globuli verabreichten wir ihr Aloe Vera, das Wundermittel. Lennon legte ihr immer wieder Stücke davon ins Maul, die sie widerwillig fraß. Wir gaben es ihr in großen Mengen und trugen auf die Wunden auf.

Dann probierten wir anderes, was die Natur hergab. Kurkuma, Meerwasser mit Limettensaft und Honig für das Immunsystem, Kokosnussöl, damit sie Gewicht zulegte.

Die kleineren Wunden heilten schnell, aber die großen am Kopf über dem Auge und am Hinterteil blieben lange offen. Immer wieder entdeckten wir kleine Korallenstückchen, die sich aus den Wunden herausschälten. Die große Wunde am Hinterteil nässte immer wieder, teilweise gab es Maden im Fleisch.

Princess Julie half sich selbst. Sie rieb sich am Holz ihrer Box das abstehende tote Fleisch ab. Wochen später entdeckten wir, dass etwas aus dem Fleisch herauszuwachsen schien. Ein loses Stück Knochen wurde herausgetrieben.

Es wurde täglich etwas besser und wir dokumentierten die Wunde und ihre Heilung vom ersten Tag an mit Fotos.

Ein Bekannter schickte uns das Video vom Tag des Unfalls. Er hatte gefilmt, wie Princess Julie mit dem Kran hochgezogen wurde. Ihr Kopf und ihr Körper hingen schlaff und betäubt in dem Laken, in das sie gewickelt war. Lennon wartete am Rand der Klippe, alle anderen hielten Sicherheitsabstand. In dem Moment, als ihre Hufe wieder den Boden berührten, erwachte sie und stellte sich auf. Lennon griff nach dem Seil und zog sie herüber. Sie strampelte und schwankte zurück an den Klippenrand. Lennon wich aus, taumelte mit ihr und lehnte sich mit seinem ganzen Gewicht gegen den Pferdekörper, um sie in die andere Richtung zu bewegen. Ein Mann in einem Superman-T-Shirt gegen vermutlich vierhundert Kilogramm Pferd. Dann stand Princess Julie in sicherer Entfernung zur Klippe und Lennon entfernte die Gurte.

Nach drei Wochen und vier Tagen verließ Princess Julie schließlich erstmals wieder ihren Stall. Lennon führte sie ins Wasser, um die Wundheilung zu unterstützen. Von da an ging er täglich mit ihr schwimmen.

Unser Programm jedoch musste bald weitergehen, auch wenn Princess noch nicht mit der Herde mitlaufen konnte. Lennon nahm sich neben dem normalen Betrieb alle Zeit für Julie, die er hatte. Auch Daniel unterstützte uns noch mehr als sonst.

Als sich auch die Wunde am Hinterteil langsam schloss, brachte Lennon Princess Julie wieder in Bewegung. Am Strand und im Wasser trieb er sie an. »Go, Princess Julie, go«, rief er immer wieder und klatschte seine Hand auf ihr Fell. Sie machte täglich Fortschritte, man konnte dabei zusehen, wie dieses junge Pferd wieder zu Kräften kam.

Noch mehr als vorher tat Lennon alles für die Pferde, von frühmorgens bis abends, wenn wir todmüde ins Bett gingen. Ich wusste nicht, woher er die Energie nahm.

»Wie machst du das?«, fragte ich Lennon eines Abends. »Ich bin nach jedem Tag einfach nur fertig.«

»Dann nimm dir die Hängematte und leg dich oben unter die Bäume, da hörst du das Meer und siehst die Glühwürmchen leuchten. Das ist magisch.«

Das half für den Moment, aber ich hatte trotzdem das Gefühl, ich bräuchte Urlaub. Die letzten Monate seit Princess Julies Unfall waren schwer, ich hatte jedoch auch Angst, Lennon wieder hängen zu lassen.

»Wir haben seit Jahren keinen Urlaub gemacht«, sagte ich. Das war wegen der Pferde gar nicht möglich.

»Ich brauche keinen Urlaub, mein Urlaub ist hier.«

»Aber ich muss manchmal weg. Ich will meine Familie besuchen.« Erst am Vortag hatte ich meinem Vater versprochen, mich um die Kisten voller Papierkram und Fotos zu kümmern, die immer noch auf seinem Dachboden standen. Bald wollte er das Haus verkaufen. »Was ist damit, ich nehm die Kisten bestimmt nicht mit«, hatte er gesagt. Aber alle wichtigen Erinnerungen waren doch in meinem Kopf. Unser Haus hier war voll, ich brauchte keinen alten Ballast aus Deutschland. Ich könnte sie verbrennen, überlegte ich.

»Jedes Mal, wenn ich weg bin, lasse ich dich mit der Arbeit allein.«

Lennon zuckte die Schultern. »Das hier ist mein Leben. Du brauchst deine Auszeiten, das ist okay.«

»Trotzdem habe ich ein schlechtes Gewissen, wenn du dich viel mehr um die Pferde kümmerst als ich.«

»Das mach ich gern. Aber du bist die Geschäftsfrau hier! Das ist nicht mein Ding.«

Wenn ich es so sah, waren wir ein ausgesprochen gutes Team. Ich organisierte, kümmerte mich um Social Media und sprach mit Journalisten oder potenziellen Spendern. Aber jeden Tag merkte ich, wie viel ich noch lernen musste über all das, was mit dem Verein zusammenhing.

»Healing with Horses«, das waren nicht mehr nur Veronika und Lennon La Fortune – das war eine wachsende Gemeinschaft. Daniel natürlich; Kristy half mit den Pferden und den Kindern; Elspeth unterstützte mich im Kreativen; Marjorie formulierte wundervolle Anschreiben und kümmerte sich um internationale Anfragen. Wir hatten tolle Leute für die Gestaltung der Homepage, für Events, nicht zuletzt für die Buchhaltung und mittlerweile einen achtköpfigen Vorstand, Lennon und mich eingeschlossen.

Der Verein wuchs und die Herde wuchs. Weil ich zu einem schönen Pferd nicht Nein sagen konnte. Diesmal war es King, ein Englisches Vollblut, unverkennbar angesichts seines Ramskopfes – mit einer leicht nach vorn gebogenen Nase – und eines perfekten kleinen weißen Kreises an der rechten Seite seines Rückens. Seit seinem dritten Lebensjahr hatte King Preise bei Rennen gewonnen, bis ein verletztes Sprungbein seine Karriere beendete. Zweieinhalb Jahre Pause gab ihm seine Besitzerin, aber er taugte nicht mehr als Rennpferd.

Die Besitzerin wollte unbedingt, dass wir ihn aufnahmen. Er kam im Pferdeanhänger mit der Fähre zu uns, im Doppelpack mit Navajo, einem ehemaligen Renn-, Dressur- und Springpferd. Der dreizehnstündige Trip von Arima, Trinidad, bis hierher schweißte die beiden zusammen, sodass wir beschlossen, sie könnten sich auch ein Paddock teilen.

Die Herde brauchte eine ganze Weile, bis sie King und Navajo akzeptiert und sich wieder neu geordnet hatte, und auch für die Neuankömmlinge bedeutete es eine gravierende Umstellung.

Bei King dauerte der Prozess ein Jahr, bis er gelernt hatte, was es hieß, hier in Tobago zu leben. Tollpatschig, wie er war, trat er ständig irgendwo hinein, verletzte sich und lahmte dann, das hinderte ihn aber nie daran, bei jedem Ausritt mit dabei zu sein. Von Anfang an liebte er das Schwimmen und die Aufmerksamkeit der Kinder.

Seit er sich an seine neuen Freunde gewöhnt hatte, suchte er ständig ihre Aufmerksamkeit. Er schien um ihre Zuneigung und Nähe zu betteln und wurde oft zurückgestoßen. King war und ist derjenige, der bei allem mitmachen möchte, während die anderen einfach nur ihre Ruhe haben wollen.

Navajo geht er besonders gern auf den Geist. Was Navajo tut, das will auch King probieren, bis der Ältere schnaubend nach ihm schnappt und tritt.

Navajo ist ein Kämpfer, der selbst dann noch Auszeichnungen als Dressur- und Rennpferd gewann, als sein Bein nach einer Verletzung nicht gut geheilt war. Er kämpfte so lang weiter, bis sein Besitzer Erbarmen hatte und ihn in die Rente versetzte. Sein Bein war geschwollen, als er zu uns kam, und das Baden im Salzwasser wirkte sich lindernd aus.

Der braune große Wallach mit der breiten weißen Blesse am Kopf hatte mehr Schwierigkeiten als alle anderen, seine schmerzhafte Vergangenheit hinter sich zu lassen. Deswegen wurde er von uns umgetauft: Aus dem »Storm Jumper«, wie er früher hieß, wurde in einer indianisch inspirierten Zeremonie am Lagerfeuer eben unser Navajo, »the great indian spirit«.

Wir lassen bis heute keine Erwachsenen auf ihm sitzen, nur die Fliegengewichte von Kindern. Wir wollen ihm sein Handicap erträglich machen. Regelmäßig bekommt er einen Schuh übergezogen, einem Gummistiefel ähnlich, in dem sein Huf in einem warmen Glaubersalzbad steht. Das Salzwasser lindert zudem seine Arthrose. Wir müssen uns selbst helfen, denn es gibt hier keinen konventionellen Pferdearzt. Das älteste Pferd genießt seinen Ruhestand bei uns. Besonders die Kinder schenken ihm viel Aufmerksamkeit und er wird liebevoll von allen gepflegt.

Princess Julies Narben heilten gut, was wir dem täglichen Baden im Meer zuschreiben, aber auch dem Kokosnussöl. Lennon reibt alle Pferde damit ein. Shawaris Schweif, der am Anfang recht kurz war, ist durch diese Pflege lang und dick nachgewachsen.

Heute sind Princess Julies Narben, selbst die Stelle, wo der Muskel hervorquoll, recht unauffällig. Unsere Prinzessin genießt es aber immer noch, von Lennon angetrieben zu werden. Sie scheint geradezu auf sein »Los, Princess, go!« zu warten. Wir nennen sie liebevoll »Staubsauger«, weil sie ununterbrochen frisst und es gern gemächlich angeht. Nicht selten hängt Lennon an ihrem Schweif und lässt sich von ihr durchs Wasser ziehen, während er sie anfeuert.

Sie hat ihre alte Stärke wiedererlangt und natürlich an Gewicht sogar zugelegt. Nichts konnte Princess Julie vom Fressen abhalten – bis Sir Winston zu uns kam …

Bei einer unserer Vereinssitzungen äußerte ich den Wunsch, dass es toll wäre, ein kleines Pony im Herdenverband zu wissen. Karin Ballard, eine Engländerin, Sozialarbeiterin für traumatisierte Kinder, die bei unseren letzten Sommercamps mitgearbeitet hatte, meldete sich aus der Runde und verkündete, sie wolle unserem Verein ihr Miniatur-Pony spenden. Ich machte mich also sofort daran, Spendengelder für die Überfahrt von England zu sammeln. Mir war klar, die Kinder würden es lieben. Und Lennon baute einfach eine weitere Box neben die von Navajo.

Winston erging es ausgezeichnet auf der langen Überfahrt, er war der Star auf dem Schiff, wurde gestreichelt und gefüttert, sodass es ihm an nichts fehlte. Er hatte einen eigens für die Reise bestellten Pferdepfleger dabei. Hier angekommen, fühlte er sich dann sofort pudelwohl unter den großen Herden-Bewohnern. Wir rasierten ihm sein dickes Winterfell ab, das er sich immer noch zulegt. Alle zwei Monate genießt er seitdem die Schermaschine und steht drei Stunden still wie einer, der den Besuch beim Frisör liebt.

Das Pony Winston ist der Eigenwilligste von allen. Der kleine englische Lord wusste sich von Anfang an abzugrenzen von den anderen, wenn er sich in seiner Ruhe gestört fühlte, und sich zu wehren, wenn es um das größte Stück vom Kuchen ging. Erst wenn er fertig war mit Fressen, durften Jennifer und Princess Julie an den Trog heran. Die beiden zeigten Respekt gegenüber Sir Winston und so beschlossen wir, dass er gut aufgehoben wäre auf einer Koppel mit den beiden Damen ...

Ein Platz für jeden

Das Gute an der Arbeit ist, dass sie nicht wegrennt. »Entspann dich, go with the flow«: Die typische Tobago-Einstellung kommt mir immer öfter in die Quere. Mit neun Pferden ist das Limit erreicht und ich habe gelernt, dass ich meine deutsche Mentalität nie vollständig ablegen kann. Lennon und ich packen täglich an, weil wir so viel erledigen müssen und wollen. Wenn wir uns aber Hilfe von anderen, Einheimischen, holen wollen, brauchen wir viel Geduld.

Das Versprechen »Ich komme und helfe dir« bedeutet: Derjenige hilft durchaus – irgendwann. Wenn jemand verspricht, dass er sich gleich auf den Weg macht, dann kommt er Stunden später strahlend an, wenn wir mit der Arbeit bereits fertig sind. Lennon kann sich darauf besser einstellen als ich. Er geht nicht mehr jeden Tag Gras schneiden mit der Hand, er hat nun Maschinen dafür und Mitarbeiter. Die brauchen aber ihre tägliche Portion Motivation und ein exaktes Kommando von Lennon, sonst passiert nicht viel.

Ich bin froh, wenn Zugereiste oder Gäste uns ihre Hilfe anbieten. Das ist eine Mentalitätssache, die nicht zu ändern ist, so sehr ich auch versuche, mich auf die anders tickenden Uhren hier einzustellen. Ich bin froh über Daniel, der unsere neun Pferde genauso gut kennt wie wir. Kristy, ebenfalls Kanadierin, arbeitet seit drei Jahren für uns und so haben wir bei jeder Session zwei Helfer dabei. Daniel macht meist Fotos mit seiner kleinen wasserfesten Kamera, die er an der Stirn befestigt.

Damit nicht jedes Pferd einen Reiter tragen muss, laden wir nie mehr als fünf oder sechs Gäste ein. Die treten durch unser neues buntes Holztor und werden direkt in unser Vereinshaus geleitet. Lennon und ein Freund haben es in zwei Wochen gebaut, nachdem mein Bruder uns dringend dazu geraten hatte. Den Boden der Holzhütte habe ich als riesige Leinwand genutzt und bunt bemalt, mit Unterstützung, vor allem der meiner Mutter. Lennon hat einen kleinen Empfangstresen kreiert, daneben steht der Schreibtisch, der sich bislang noch im Büro in unserem Wohnhaus befand. Verein und Geschäft sind somit endlich, endlich aus unserem Privatbereich ausgelagert. Im Vereinshaus, unserem »Love and Magic Info Centre«, das gleichzeitig Anmeldung und Empfang für unsere Gäste ist, informieren wir Interessenten und verkaufen unsere T-Shirts, Kalender und viele weitere Souvenirs zugunsten von »Healing with Horses«. Dort ist auch die Schaltzentrale für »Being with Horses«, unserem Geschäft, das schon immer der Unterstützung unseres Vereins diente.

In unserem Headquarter stelle ich den Gästen unsere Geschichte und unsere Arbeit vor. Das stimmt die Gäste auf das Kommende ein, gibt mir die Sicherheit, dass die Menschen unsere Pferde verstehen, und die Zeit, mich auf die Menschen einzustellen. Manche sind ruhig, entspannt, neugierig, andere sind ängstlich und hibbelig.

»Zu uns kommen oft Menschen, die noch nie auf einem Pferd gesessen haben«, erkläre ich als Erstes. Ich verweise auf das große Foto im Zentrum, das eine Gruppe von Menschen zeigt: zwei Touristinnen, die das erste Mal auf einem Pferd sitzen, den dreifach amputierten Gast Radjesh Durbal, der ohne Unterschenkel und mit nur einem Arm auf Kalakunjin durchs Wasser reitet, neben ihm Daniel, der ohne Trense und Sattel auf Divo sitzt, und ich ganz vorn auf Shawari – alle im Einklang mit den Pferden und der Natur und voller Vertrauen.

Ich erkläre ihnen das freie Reiten ohne Gebiss und Steigbügel – ein Pferd versteht die natürlichen Signale. »Es geht darum, voll und ganz im Moment zu sein und aufeinander einzugehen. Wie in einer Partnerschaft.«

Unsere wasserfesten Sättel sind individuelle Anfertigungen, die wir von einem einheimischen Schuhmacher nähen lassen: eine Kombination aus einem Haltegriff und einer Yoga-Matte, die schnell trocknet und trotzdem verhindert, dass es dem Reiter an den Beinen scheuert.

Der spannendste Teil ist für mich bis heute, wenn wir ein Pferd nach dem anderen aus der Box lassen und sie sich ihren Reiter aussuchen. Unsere Gäste haben dann schon etwas über die Pferde gehört und sind selbst gespannt, welches Pferd sie auswählt. Darum geht es mir und uns: um Dankbarkeit und Respekt gegenüber diesen starken Tieren. Wenn ich sie zwingen müsste, würde das nicht funktionieren. Dann gäbe es diese Magie nicht.

Nach der Session am Morgen führt Lennon die Herde hoch auf die Koppel. Den Park oben, ein schattiges, ungenutztes Gelände, haben wir innerhalb von sechs Monaten zu einem Spielplatz umgestaltet. Wir nennen ihn den »magical playground«.

Allein die Erlaubnis, endlich das ganze Gelände nutzen zu dürfen, war so etwas wie eine Anerkennung unserer Arbeit. Das Gelände gehört uns nicht, aber wir dürfen es zum Wohle der Gemeinschaft nutzen und pflegen. Wir haben Sträucher, Gemüse und Küchenkräuter angepflanzt, einen Reitring gebaut, Reifenschaukeln, eine Wippe und eine große Rutsche mit Baumhaus errichtet und ein Trampolin hingestellt.

Lennon und Daniel kümmern sich darum, dass oben alles ordentlich aussieht und die Pferde versorgt sind. Ich bespreche mich mit Kristy oder Marjorie im Vereinsbüro, kümmere mich um die Hunde und setze mich zum Essen auf die Terrasse, meist mit dem aufgeklappten Notebook.

Heute finde ich in der Post einen Brief, eine Einladung der Gemeinde Buccoo/Mt. Pleasant. Bei der Veranstaltung kurz vor Weihnachten sollen wir eine Auszeichnung bekommen: für unsere außerordentlichen Verdienste um die Entwicklung der Gemeinde.

Während ich den Brief immer wieder lese, höre ich den Regen aufs Dach trommeln. Noch ist Regenzeit. Während dieser Monate strotzt die Insel vor Grün, und wir müssen einmal wöchentlich unseren Rasen mähen, weil alles ohne Ende wächst. Mir ist die Regenzeit lieber als die Trockenzeit, wenn das Gras, die Bäume und Büsche im Park gelb und braun werden. Es trocknet wirklich alles aus. Und es besteht die Gefahr, dass die Wasserversorgung ausfällt. Wir haben große Wassertanks oben auf dem Gelände und hier im Garten, aber manchmal wartet man Tage darauf, dass der Lkw kommt, der die Wassertanks wieder auffüllt. Wir hatten schon mal drei Wochen lang kein fließendes Wasser.

Ich sehe auf, als Lennon und Daniel zur Tür hereinkommen.

»Daniel, willst du mit uns zu Mittag essen?« Normalerweise fährt er zum Lunch immer nach Hause.

»Ja, vielleicht. Eigentlich wollte ich aber mit dir und Lennon reden.«

»Ich kann euch auch etwas erzählen«, platzt es aus mir heraus. »Save the date: Am 20. Dezember 2014 bekommen wir den Social Development Award!«

Lennon nimmt mir den Brief aus der Hand. »Wow! Das wird uns bestimmt helfen, leichter Spenden zu bekommen.«

»Glückwunsch«, gratuliert Daniel.

Wir setzen uns an den Tisch, Daniel uns gegenüber. Er sieht uns ernst in die Augen.

»Ich habe zwei Nachrichten, von denen eine gut ist und die andere ...« Daniel spricht langsam und wählt seine Worte bewusst »... vielleicht nicht so gut.«

»Die gute zuerst«, meint Lennon.

»Der Dokumentarfilm wird beim Trinidad-and-Tobago-Filmfest gezeigt und bekommt vielleicht sogar eine Auszeichnung.«

Das ist eine tolle Nachricht. Daniel hatte aus dem Video von Princess Julies Rettung und den Fotos, die wir während der ersten Wochen gemacht hatten, eine kurze Dokumentation zusammengeschnitten – es ist ein kurzer dramatischer Film geworden.

»Die andere Nachricht hängt damit auch zusammen. Ich gehe zurück nach Kanada, um Filmtechnik zu studieren ...«

Lennon und ich schlucken. Aber Daniel muss seinen Weg gehen und wir sind stolz auf ihn.

Wenig später stehen wir oben im Park und warten auf den Schulbus.

»Werden sie kommen? Es hat geregnet ...«, fragt Marjorie.

»Ich weiß nicht.«

Ich zähle nach, 15 Leute warten hier oben, Lennon und mich eingeschlossen. Das wird wieder eine One-on-one-Betreuung für die Kinder. Unsere freiwilligen Helfer kommen ein- bis zweimal pro Woche her. Sie stammen aus Italien, Schweden, der Schweiz, Australien, Deutschland, Kanada, England und den USA. Tobago ist für sie eine neue Heimat oder nur ein vorübergehender Halt.

Während wir warten, spazieren wir im kleinen Park umher und unterhalten uns. Ich sehe mir die Pflanzen an. Besonders gespannt bin ich auf die erste selbst gezogene Ananas. Außerdem wachsen hier Tomaten, Kürbisse, Avocados, Zucchini und Bohnen. Neben den Beeten stehen zwei große Wassertanks, die wir erst letztens mit den Kindern bunt bemalt haben. Auf der anderen Seite des Weges haben wir einen Reitring aus Bambus gebaut, um mit den Kindern hier oben kontrollierter zu arbeiten. Das Holztor hat Lennon ausgesägt, die Farbe stammt von mir. Daneben haben wir die riesige Leinwand aufgehängt, die beim dritten Sommercamp entstanden ist: Die Kinder haben die Herde gemalt.

Zwischen dem Reitring und den Paddocks steht im Schatten unter einem Baum ein schmaler, großer Vogelkäfig. Den graugelben Wellensittich darin hat Lennon in der Trockenzeit, halb verdurstet, einst gefunden.

Die Parkbänke sind bunt bemalt. An einem Baum hängt ein riesiges Klangspiel aus Metallrohren. Unter einem Pavillon sind Tische und Bänke aufgebaut. Elspeth ist mit ihrer Kamera da. Sie hat ein Händchen dafür, die richtigen Momente zu erwischen. Ich stelle die Fotos dann auf unsere Facebook-Seite.

Der Bus der Bon Accord School fährt vor und Kinder in gelben Poloshirts stürmen heraus. Nur Dennis wird in seinen Rollstuhl gesetzt.

Zwei Jungen rennen sofort zu dem kleinen Trettraktor. Ein Mädchen umarmt die erste Helferin, die am Wegrand steht. Die ist überrascht, denn sie ist heute zum ersten Mal hier. Dann umarmt das Mädchen den nächsten.

Zwei der Helfer sammeln vier der größeren Kinder um sich, um Cricket zu spielen. Lennon hilft mir, Dennis aus dem Rollstuhl und auf Princess Julie zu heben, dann schnappt er sich Leroy, damit er als Erstes auf King reiten kann. Nach ein paar Minuten im Reitring fängt Leroy an zu zählen. Lennon wiederholt die Zahlen jedes Mal mit ihm. Auf dem Pferd kann er zählen. In der Schule kann er kaum mit den anderen mithalten.

Ich führe Dennis auf Princess Julie herum. Mittlerweile kann er sich lange aufrecht halten. Daniel geht mit Zimbu und Grace um das eingezäunte Gelände herum spazieren. Grace hält Zimbu am Führstrick, obendrauf sitzt ihre Freundin Zoey.

Einige Kinder können es nicht erwarten zu reiten und steigen nach zehn Minuten nur widerwillig vom Pferd. Anderen geht es nur ums Spielen hier. Sie haben alle viel aufgestaute Energie.

Diese Stunde ist wie jedes Mal viel zu schnell vorbei für die Kinder. Sie winken und steigen wieder in den Schulbus.

Ich erkundige mich bei der jungen Schwedin, die heute zum ersten Mal als Freiwillige dabei ist, ob sie wiederkommen möchte. »Unbedingt«, sagt sie. »Die Kinder haben gar keine Berührungsängste, das macht es einem leicht.«

»Unsere freiwilligen Helfer bekommen einmal monatlich eine kleine Aufwandsentschädigung«, erkläre ich ihr.

Sie winkt ab. »Ich habe das Gefühl, ich kann auf diese Art Tobago etwas zurückgeben.«

Wir verabschieden uns.

Nur Lennon und ich bleiben zurück. Taleisha bürstet noch immer ihre langjährige Freundin Kalakunjin. Die Stute hält still und meditiert. Taleisha sieht auf und lächelt mich an.

»Möchtest du auf Kalakunjin reiten?«, frage ich.

»Nur streicheln«, sagt Taleisha und lacht.

Sie hat zum ersten Mal nach zwei Jahren auf Kalakunjin gesessen und seitdem nur ein paarmal wieder. So wie sie jetzt hier steht, an Kalakunjins Seite, genau das scheint das größte Glück für sie zu sein.

Ich setze mich auf die Reifenschaukel und genieße die Ruhe. Lennon führt King wieder auf seinen Paddock zu Navajo, legt ihm die Moskitodecke über. Dann setzt er sich zu mir in den Schatten. Die Vögel zwitschern und ich spüre eine ganz leichte Brise auf meiner Haut. Wir schaukeln leicht hin und her.

Ich schließe die Augen. »Das ist wie Urlaub hier.«

»Es ist gut für Daniel, dass er studiert.«

»Ja, das ist es. Aber keiner kann sich in die Pferde einfühlen wie er. Nicht so schnell.«

»Immerhin sind es noch drei Monate, bis er geht. Es wird sich alles regeln. Wir machen das hier nicht mehr allein.«

»Das stimmt.« Menschen, die Gutes tun wollen, gibt es genug und wir haben einige davon an unserer Seite. In der letzten Zeit haben sich bei uns mehr Freiwillige gemeldet, als wir betreuen können. Das ist bereits ein wichtiger Punkt auf unserer Agenda. Im Moment muss ich mir keine Sorgen machen. Im Augenblick spüre ich nur Frieden in mir. Und wieder einmal wird mir bewusst, dass die ruhigen Tage von früher selten geworden sind. Ich bin froh, wenn wir es einmal pro Woche schaffen, einfach nur so mit unserer Herde an den Strand zu gehen. Lennon macht das auch sehr gern allein, das ist sein Part. Und er ist derjenige, der mich bremst und uns Erholungstage verordnet. Wir müssen Energie sammeln und uns auf unsere Anfänge zurückbesinnen.

Taleishas Mutter hält am Weg und holt ihre Tochter ab. Sie spendet uns regelmäßig das, was sie kann.

Wenn ich Taleisha sehe, die mittlerweile fast zwanzig Jahre alt ist, weiß ich, was ich mir noch wünsche: einen Raum für erwachsene behinderte Menschen wie sie. Einen Ort, wo sie hingehen kann und spürt, dass sie gebraucht wird.

Jeder möchte sich gebraucht fühlen, Tiere wie Menschen. Die Pferde haben eine Aufgabe hier bei uns.

Ich blicke durch die Bäume auf die Bucht. Die Sonne steht tief am Horizont und taucht den Himmel in ein warmes Licht. Was wir hier machen, würde woanders nicht funktionieren. Von gesetzlichen Auflagen und Bestimmungen ganz abgesehen – denn auch in dieser Hinsicht ist Tobago entspannter als Deutschland –, wo sonst hat man all das hier vor der Haustür?

Mein Platz ist hier. Ich bin nicht mehr hin- und hergerissen.

Ich bin hier endlich fest verwurzelt!

Epilog: Regenbogen

Das weiße Pony scheint genau zu wissen, dass heute etwas Besonderes geschehen wird. Wir bürsten Leo, kämmen seine Mähne und rupfen die Filzbüschel von seinem Bauch. Er soll schön aussehen auf dem Marsch in sein neues Leben am 13. Februar 2015.

17 Jahre lang lebte er allein auf der Wiese in einem paradiesischen Ferienresort im Regenwald von Tobago – das heißt, dort stand er meist, fraß und ließ sich streicheln. Es gibt hier eine Tradition, erkläre ich ihm: Den Weg ins neue Leben gehen wir zu Fuß.

Leo scheint einverstanden und trabt ohne Wehmut los. Beim steilen Aufstieg zwischen Bäumen und Sträuchern hoch zum Mot-Mot-Trail zeigt er, was in ihm steckt – viel Energie und Durchhaltevermögen.

Auf dem schmalen Pfad wandern wir durch die Berge. Am höchsten Punkt sehen wir hinunter aufs Meer. Über den grünen Hügeln leuchtet ganz blass ein Regenbogen.

Der Weg führt wieder hinunter, wird zu einer befahrbaren Strecke. Der erste Ort, den wir durchqueren, ist Arnosvale.

Leo wandert drei Stunden lang beharrlich weiter, bis wir von unserem Nachbarn angehupt werden, der in seinem Pick-up erst an uns vorbeifährt, dann aber anhält und wendet. Das Angebot nehmen wir gern an. Leo darf auf der Ladefläche eines Pick-ups ins Ziel fahren.

So etwas hat er noch nie erlebt. Der Wind pfeift ihm bei einer Geschwindigkeit von dreißig Stundenkilometern um die Nase, als er über das Fahrerhäuschen nach vorn auf die Straße blickt.

Leo macht alles mit. Nachdem er sich auf der Wiese neben unserem Haus gestärkt hat, legt er sich voller Vertrauen erschöpft ins Gras.

Am nächsten Morgen bekommt er eine Dusche, bevor er seine neuen Freunde trifft. Er rennt auf sie zu, als hätte er nur darauf gewartet. Keines der Pferde flüchtet, Leo ist nicht das erste weiße Pferd, das sie sehen, und sie sind auch nicht so skeptisch wie bei dem kleinen Sir Winston. Sie akzeptieren ihn so schnell wie keinen anderen zuvor. Denken sie vielleicht: Ein Neuer, mal wieder, was soll's? Vielleicht liegt es aber auch am Valentinstag, dass sie so liebevoll reagieren.

Einzig Sir Winston sieht in Leo einen Rivalen – er ist nun nicht mehr der Neuling der Herde. Und der hier will ihm bestimmt ans Futter.

Leo soll der Letzte sein, der die Herde ergänzt, das i-Tüpfelchen sozusagen, ein schneeweißes mit langer Mähne. Ihm fehlt wahrhaftig nur noch das Horn auf der Stirn.

Ich bin verliebt ...

Danksagung

Mit großer Dankbarkeit schreibe ich diese Zeilen über mein buntes und bewegtes Leben. Dankbar bin ich für all das, was ich schon leben durfte, was geschehen ist und was sich ergeben hat. Es ist ein Geschenk, der Stimme des Herzens folgen zu können. Das ist auch der Grund, warum ich mich entschied, Ja zu diesem Buch zu sagen, um auch Dich zu motivieren, dem nachzugeben, was Du mit voller Hingabe liebst zu tun – bedingungslos und überzeugt!

Vertraue und Du wirst geführt: Das Innen und Außen wird Dich unterstützen. Mut tut gut! Und den wirst Du brauchen! Du bist einzigartig und auch Du hast Deine Geschichte. Das Leben ist ein Prozess, es ist das größte Meisterwerk!

Meine Familie hat mich immer unterstützt und in meinem Tun bestärkt.

Danke an Christin Ullmann, meine Co-Autorin, die mich einen Monat hier in Tobago begleitet und mir mit viel Geduld, Intuition und Gespür fürs Wesentliche zugehört und alles niedergeschrieben hat. Ohne ihre Hilfe und ihre Zuversicht wäre dieses Buch nicht entstanden.

Nicht zuletzt danke ich auch Jennifer Kroll, die das Ganze eingeleitet hat, sowie Judith Fürst und Svenja Monert für ihre Professionalität und ihren »Support« und ihren Zuspruch: »Es wird ein ganz positives Buch!«

Impressum

Veronika Danzer mit Christin Ullmann
In der Ferne scheint das Glück
Wie ich dank meiner großen Liebe und einem wilden Pferd
mein Paradies fand
Eine wahre Geschichte
ISBN 978-3-959100-12-0

Eden Books
Ein Verlag der Edel Germany GmbH

www.edenbooks.de | www.facebook.com/EdenBooksBerlin | www.edel.com
1. Auflage 2016

Einige Personen im Text sind aus Gründen des Persönlichkeitsschutzes anonymisiert.

Projektkoordination: Judith Haentjes und Svenja Monert
Lektorat: Dr. Matthias Auer
Umschlagfoto: © Marielle Andersson Gueye
Umschlaggestaltung: Judith Haentjes
Fotos im Innenteil: S. 1-3 © Privat; S.4, S.6 (unten) © Inken Janning;
S. 5 (oben + unten), S. 7 (mitte), S. 8 © Marielle Andersson Gueye;
S. 5 (mitte), S. 7 (oben) © Elspeth Duncan; S. 6 (oben) © Melchior von Wallenberg - Pachaly; S.7 (unten) ©2015 Abigail Hadeed
Layout und Satz: Datagrafix Inc.| www.datagrafix.com
Druck und Bindung: optimal media GmbH, Glienholzweg 7, 17207 Röbel/Müritz

Das FSC®-zertifizierte Papier *Holmen Book Cream* für dieses Buch lieferte *Holmen Paper*, Hallstanik, Schweden.

Printed in Germany

Dieses Buch ist auch als E-Book erhältlich.

Um die kulturelle Vielfalt zu erhalten, gibt es in Deutschland und in Österreich die gesetzliche Buchpreisbindung. Für Sie, lieber Leser und liebe Leserin, bedeutet das, dass Ihr verlagsneues Buch jeweils überall dasselbe kostet, egal, ob Sie Ihre Bücher gern im Internet, in einer großen Buchhandlung oder beim kleinen Buchhändler um die Ecke kaufen.